QUINZE ANS

AU BRÉSIL

OU

EXCURSIONS A LA DIAMANTINE

DE

Mᵐᵉ LANGLET DUFRESNOY

avec préface

Par Mr Paul LE GAY.

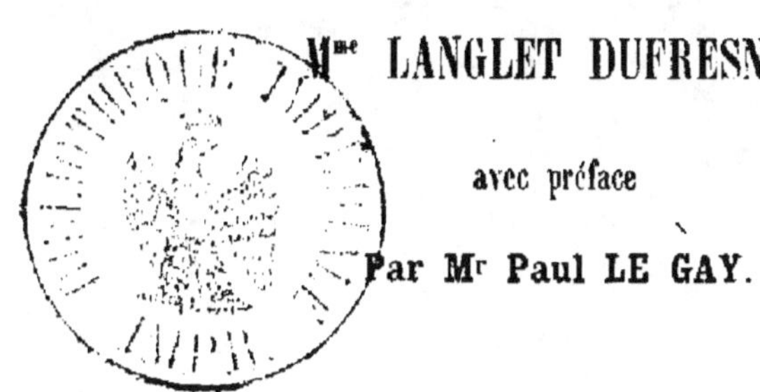

Prix : 1 franc.

BORDEAUX

IMPRIMERIE DE G. CHARIOL, RUE DES TREILLES, 7.

1861

DEDICATED

TO THE NATIONAL ACADEMY

OF

GREAT BRITAIN.

———

BORDEAUX

1861

PRÉFACE

L'auteur de ces récits ne craint pas d'être accusé de plagiat ni d'avoir puisé aux sources merveilleuses de la fiction et de la fantaisie. Témoin oculaire de grands et de terribles spectacles, il traduit plutôt ses impressions qu'il ne raconte des faits isolés, et, malgré toute l'aridité d'une narration que ne tempèrent ni de poétiques descriptions, ni de savantes digressions, il trouve le moyen d'intéresser et de captiver ses lecteurs.

Oui, c'est bien là le privilége de l'infortune et de la souffrance d'émouvoir et de toucher les cœurs les plus indifférents, et d'apprendre à ces heureux du jour qui n'ont nul souci des choses d'ici bas, qu'il y a au loin, bien loin de la mère patrie et de l'Océan, des terres brulées par le soleil où croissent cependant des arbres magnifiques, des forêts vierges et luxuriantes, habitées par les plus beaux animaux de la création, des fleuves impétueux qui roulent leurs ondes écumantes sur des lits étincelants, des mines inépuisables où Dieu semble avoir entassées toutes les richesses du globe : de l'or et des diamants !

Sur ces terres de feu si splendidement dotées. il y a des hommes au teint basané, aux passions brutales et féroces, qui ne connaissent ni loi ni morale. Ils descendent, sans doute, de ces farouches aventuriers que le génois Colomb, en un jour de sublime inspiration débarqua et lança sur un continent inconnu. Leurs passions n'ont pas changé malgré les renouvellements successifs de leurs générations. Aujourd'hui, ils représentent le nouveau monde ; et, au XIXe siècle, nous les voyons encore jeter un orgueilleux défi à la vieille Europe, et à notre civilisation dont ils repoussent et les utiles bienfaits et les consolantes douceurs ?

Malheur donc à l'Européen qu'un téméraire aveuglement pousse sous ces latitudes étranges ! que de récits antérieurs à celui-ci, confirment mon assertion, et que de victimes ont trouvé la mort, là où elles croyaient posséder la richesse et le bonheur !

Et pourtant, faut-il blâmer ces esprits aventureux de sacrifier à leurs propres convoitises le repos et la sécurité qu'ils auraient pu rencontrer sur le sol natal ?

Devons-nous accuser d'ingratitude ou de témérité ces myriades d'émigrants qui, chaque jour, emportés par la fièvre du gain et de l'ambition, s'en vont à des distances incroyables, peupler d'immenses solitudes, défricher de vastes forêts, et fonder des colonies commerciales que nos arrières petits-fils revendiqueront un jour, dans un demi-siècle, peut-être, avec cet orgueil inhérent à toute nationalité.

Si l'on me prouve par des faits que je suis dans l'erreur, je me convertirai ; en attendant, je persiste à croire que du moment où les décrets de la foule régneront sur le monde, quelqu'avisée qu'on la suppose, le genre humain perdra ce que les masses appelleront toujours des idées, des sentiments vagues, c'est-à-dire des vues sur les sciences, les arts, les voyages, les découvertes ; des inspirations qui, ne pouvant, avoir en ce monde leur application immédiate, sont et seront toujours l'apanage du petit nombre. Les pressentiments des hommes supérieurs sont encore ce qu'il y a de plus subl me dans le patrimoine de tous, car, sans la réalisation de leurs projets et la mise en œuvre de leurs conceptions, Christophe Colomb, Vasco de Gama, Gallilée et Guttemberg, seraient restés éternellement dans l'ombre et dans l'oubli.

L'auteur du livre qui paraît, aujourd'hui, a été conduit, en abdiquant toute prétention littéraire, à donner à ses récits le caractère particulier d'un journal. Il n'a voulu ni peindre avec éclat, ni colorer avec profusion. Il transmet donc, je le répète, le journal simple et vrai d'un voyageur, plutôt que les impressions rêveuses et fantaisistes d'un touriste : tout entier à sa narration, il répudie les tours harmonieux, les descriptions chatoyantes et empreintes d'un style romanesque. Il sent que ses souvenirs lui paraîtraient des mensonges quand il n'est plus en face de la réalité, aussi a-t-il soin de l'avoir toujours présente à l'esprit, dans cette recherche pénible de ses pérégrinations et de ses infortunes.

N'est-il pas merveilleux, en effet, de voir une femme qui n'a craint ni fatigues ni dangers, parcourir aventureusement toute cette partie du Brésil située entre Rio-Janeiro et la Diamantine, plus de mille lieues ; affronter sans effroi, toutes les difficultés que présentait un tel trajet, braver les saisons, les maladies, le climat, défier toutes les faiblesses inhérentes à son sexe ; en un mot, déployer un courage viril, à tous moments, et traverser intrépidement ce fleuve des Amazones, l'un des plus majestueux de l'Europe qui fut découvert, en 1500, par Vincent-Yaner Pinson, et dont le nom perpétue le souvenir des combats qui furent livrés sur ses rives par les femmes du pays. Les Cordillières franchies, elle revient en France, riche de souvenirs, mais pliant sous le faix des douleurs et des fatigues ; qu'importe ! elle revoit son pays après quinze ans d'absence ! En vérité, cela tient du prestige et de la féerie, en tant qu'il s'agit d'une de ces épopées de la vie aventureuse qu'on aime tant à relire le soir, au coin du foyer, entouré de blondes têtes et d'incrédules vieillards !

L'imagination seule croirait à tant de faits prodigieux et pourrait y faire croire, car elle fait un tableau mieux que la mémoire ne le re.ait. Pourquoi donc me direz-vous, cette sorte de prééminence? Parce que l'imagination est libre; et que dans les moments d'exaltation, c'est-à-dire de création, la confusion lui sert d'ombre et l'émotion de lumière. L'imagination peint, secondée par la vérité, elle persuade; la mémoire, elle, ne fournit d'habitude qu'un calque incomplet.

Maintenant, pour-être exact, et dussé-je même, à l'occasion paraître quelque peu réaliste, je prétends que tout lecteur m'objectera qu'une des conditions essentielles pour captiver son attention pendant le cours de longs et d'ar des voyages, est d'y trouver nécessairement le récit de souffrances inconnues, et de douleurs étrangères qu'il partage à son insu. Ces douleurs excitent. il est vrai, une sorte de sympathie dans l'âme, mais sympathie plutôt de curiosité que de pitié, car pour que l'imagination se livre toute entière à l'enchantement du présent, elle aime que le passé la frappe et l'épouvante.

Les souffrances des autres entrent donc presque toujours pour quelque chose dans l'intérêt d'un livre : ce but est donc atteint complétement au ourd'hui, en lisant l'ouvrage de Mme Langlet, car, souffrances morales, douleurs physiques, tout s'y trouve grandement réparti, tout y est largement accumulé.

Il n'est é facile de passer en revue les différents épisodes de la vie accidentée de l'écrivain qui a bien voulu me confier la tâche délicate d'écrire cette préface : personne mieux que lui même ne saurait les dépeindre avec plus de vérité, malgré la concision de certains passages qui tiennent alors exclusivement du journal.

D'humeur hardie, aventureuse, Mme Langlet nous conduit folâtrement de Rio-Janeiro aux Cordillières, nous fait franchir le Rio-Grande, le fleuve des Amazones, nous perd dans des forêts inconnues peuplées d'énormes serpents, de tigres majestueux, de tous ces animaux enfin, que la civilisation Européenne a relégués, Dieu merci, dans nos Jardins des Plantes. Nous assistons en grand, avec elle, et toujours sous sa vaillante direction, au travail d'exploitation des mines de diamants, et ce qui n'est pas non plus sans intérêt, à leur curieuse extraction.

N'est-ce pas là véritablement la recherche de l'inconnu que cette chasse périlleuse aux diamants ? En effet, le mineur qui entreprend le voyage de Rio à la Diamantine, est-il bien sûr, même après avoir fait une ample moisson de ces divins cailloux, si bien taillés à Amsterdam, et côtés dans toutes les Cours de l'Europe à un prix fabuleux, est-il assuré, dis-je, de revenir, sain et sauf, à son point de départ, d'éviter les attaques des Indiens, les fièvres, les bêtes féroces, en un mot, toutes les embûches que Dame fortune tend ordinairement aux gens dont elle veut contrarier les projets. Néanmoins, en dépit de mes tendances à faire l'apologie des pérégrinations lointaines, et à présenter l'émigration et les voyages sous un jour favorable ; je suis amené naturellement à enregistrer, au point de vue de la prospérité individuelle, le peu de bien être que procurent de semblables explorations à ceux qui osent les accomplir. Est-ce hasard, fatalité? je me le demande, depuis long-temps, car parmi les émigrants que j'ai connus ou rencontrés, bien peu ont conquis les richesses à la suite de leurs téméraires entreprises. Je suis de mon temps plus que je ne voudrais en être, et tout en respectant la passion de mes contemporains pour tout ce qui n'est que comfortable, repos et habitudes sédentaires, e me trouve gêné et à l'étroit quand je vis comme vivaient nos pères.

Les émigrants, les expatriés volon'aires reviennent riches de souvenirs, il est vrai, et c'est là leur plus douce consolation. Ils ont beaucoup souffert, mais la sérénité de leur âme n'est pas altérée ; et s'ils descendent sincèrement au fond de leur conscience, ils vous diron' qu'ils ne regrettent ni le temps écoulé loin de la famille et de la patrie, ni les douloureuses amertumes du passé.

Interrogez parfois un de ces vieux marins que vous voyez, là-bas, assis, rêveur, et fumant sur la crête d'un rocher; son œil à moitié éteint fixe avec persistance l'horizon. A quoi songe-t-il? que regarde-t-il à travers la brume vaporeuse qui s'élève au loin ?

N'y aurait-il pas pour lui, par hasard, dans cette immensité qu'il contemple amoureusement, comme une sorte de mirage trompeur où viennent, tour-á- our, se refléter ses souvenirs d'autréfois.

Voyez le agiter joyeusement la tête, il revoit, sans doute, dans ce rêve éphémère, les Indes, avec ses fantastiques pagodes, le Pérou, avec ses délirantes espagnoles, la Chine, aux couleurs diaprées, le fleuve jaune et ses jonques ; le Bosphore, Constantinople avec ses étincelants minarets qui miroitent au soleil ; tout s'agite, tout est visible pour lui dans ce panorama éblouissant qui défile sous ses yeux. Il est heureux ! à lui, les splendeurs de l'Asie, à lui, les raffinements de l'Orient ! il sourit doucement aux forêts vierges de l'Océanie et de l'Amérique ; il tressaille, car voici venir aussi les épisodes de bord, les batailles, les femmes aimées et les amis tombés au champ d'honneur. Rien ne manque à ce tableau de son existence naguère si insouciante et si gaie !

Comme un ver qui se tord, la pensée se retourne sur elle même et s'égare dans de vagues méditations : fatigué de recherches, de doutes, d'études, perdu dans le labyrinthe de la philosophie et du scepticisme, épouvanté de sa vanité et de son audace, l'esprit de l'homme se réfugie alors dans un monde intermédiaire entre le ciel et la terre. Dans ce monde se repose tranquillement son passé : il rêve doucement, la poésie de la douleur et le sens du beau idéal servent encore de guide à son âme fatiguée. Il est calme, sans passion, et il se plaît à rechercher ce mirage dont je parlais plus haut, douce perspective qui l'empêche de vieillir trop vite !

Vieillir ne serait rien si l'on oubliait la jeunesse aussi

vite qu'on la perd ; mais vieillir sans changer, voilà ce qui est redoutable. Ce qui nous fait trouver le temps pesant, c'est que trop souvent nos regrets, nos illusions, aggravent le mal que nous cause cet ennemi. S'il nous épargne une partie de la tristesse qu'il apporte à d'autres, cette exception nous rend ridicules : les ans ne deviennent alors pour notre frivolité qu'un moyen de conserver plus longtemps la vieille habitude d'être jeunes. Quand on n'a pas su mourir avant la vieillesse, il faut savoir se cacher et se taire. Le seul voyage digne d'occuper la pensée pendant la dernière partie de la vie, c'est celui qui doit commencer à la mort. Un favori des muses l'a dit avec raison :

> L'espoir de nos jeunes années
> Est comme les fleurs du printemps !
> Quelques matins les ont fanées,
> Mais leur tige languit longtemps !

Paul Le Gay.

Bordeaux,   Septembre 1861.

QUINZE ANS

AU BRÉSIL

ou

EXCURSIONS A LA DIAMANTINE.

CHAPITRE PREMIER.

Départ de France. — Un mot sur notre famille. — Traversée du Havre
à Rio-Janeiro. — Notre installation. — M. Lecarpentier Duboscq. —
Ses manœuvres. — Projets ambitieux de mon mari.

Mariée à seize ans à Monsieur Alexandre Dufresnoy,
huissier, à Melle, sous-préfecture du département des
Déux-Sèvres, j'étais bien éloignée de prévoir en ces
beaux jours de 1836, les adversités et les chagrins
que me préparaît mon hyménée!!! Mon époux, né
avec d'excellentes qualités, aurait pu nous ménager
des jours heureux, que ma tendresse pour lui aurait
embellis, mais.....

De même que le temps, le bonheur a des ailes!..

Des idées vastes, une érudition étendue, et, pour
notre malheur, une ambition de fortune plus qu'ordinaire, lui firent pour jamais sacrifier son repos et

sa charge. — Et pourtant, son étude, sa nombreuse clientèle, son crédit, si justement acquis, à Melle, sa tranquillité, son bonheur, le mien, tout lui était assuré ; nous pouvions vivre heureux !.. Mais hélas ! vain espoir ; Dieu en avait décidé autrement.

Les relations des voyages lointains, l'histoire de quelques heureux aventuriers auxquels la fortune avait été propice, en Amérique, préoccupaient sans cesse sa vive imagination. Entraîné par cet esprit de vertige, par cette soif de pérégrinations, il résolut d'aller dans ces vastes solitudes, dans ces déserts brûlants du Brésil, pour y affronter les hasards, satisfaire ses vues ambitieuses, rechercher des trésors, hélas, trop chimériques, supporter toutes les privations possibles, endurer toutes les misères qui peuvent accabler l'homme, succomber enfin sur une terre étrangère, loin de ses amis, de ses parents et de sa chère patrie !!

Compagne de ses malheurs, que je cherchais à lui rendre supportables, tant par ma vive affection que par mon amour le plus sincère, j'avais fait d'inutiles et vains efforts pour le détourner d'un semblable projet Prières, larmes, supplications, rien ne pût vaincre son obstination... Triste présage !!! En vain, cherchai-je à lui démontrer qu'abandonner une position assurée pour voler vers des projets souvent éphémères, c'était compromettre notre avenir, notre repos, notre tranquillité, rien ne pût l'ébranler. Le sort en était jeté. *Alea, jacta, erat!* tout espoir était perdu, il fallait faire un grand sacrifice, me séparer peut-être pour toujours, de tout ce que j'avais de plus cher au monde : parents, amis, famille; mais j'étais son épouse... Le devoir m'ordonnait de partager la bonne ou mauvaise fortune de mon mari; je m'abandonnai donc de toute mon âme à la Providence, et me résignai à mon malheureux sort, car,

> Lorsque sur cette mer, on vogue à pleines voiles,
> Qu'on croit avoir pour soi, le vent et les étoiles,
> Il est bien malaisé de régler ses désirs,
> Le plus sage s'endort sur la foi des zéphirs.....

Mon mari voyait tout en beau; les rêves les plus riants flattaient ses désirs. Pour lui point d'obstacles !!! Il lui semblait toujours que le mortel assez heureux pour arriver dans ces lieux fortunés, devait de suite y rencontrer et fortune et honneur : « deux considéra- » tions qui s'accordent rarement ensemble, surtout » dans ces climats lointains. — Que l'on est faible de » s'impressionner ainsi, et combien la déception est » cruelle. »

La terre du Brésil fut celle sur laquelle il jeta les yeux, et pour donner suite à l'exécution de son projet, il céda son étude, réalisa ses créances et se disposa à quitter la France. Nous pàrtîmes en effet pour Paris, en janvier 1837. — Arrivés dans cette ville, nous y fîmes des emplettes assez considérables en soieries, blancs, dentelles, nouveautés, glaces, coutellerie, bimbeloterie, quincaillerie, etc., etc. — Nous laissâmes la capitale, et nous nous dirigeâmes sur Rouen, où nous prîmes également une assez forte quantité d'indiennes, de cotons et merceries. Nous fîmes de plus, l'acquisition de quelques meubles précieux, ainsi que d'un beau et magnifique billard, avec ses accessoires. Préparant nos malles et nos ballots, nous disposâmes le tout pour le Hàvre, lieu de notre embarquement. Aussitôt après notre arrivée dans cette localité, et sans y séjourner longtemps, tant était grande l'impatience de mon mari, nous arrêtames notre passage sur le navire l'Achille, joli bâtiment, appartenant à la société Ferrère et Morto, négociants armateurs de cette ville, sous le commandement du capitaine Belliard.

Nous levâmes l'ancre le 6 juillet 1837. — Rapporter ici quelles furent les horribles souffrances que me causa le mal de mer, serait chose impossible. Il me semblait, à chaque instant, que j'allais mourir. Les soulèvements de cœur, les vomissements, joints à une mauvaise odeur de goudron, me mirent pendant un mois à toute extrémité, mon mari presque aussi malade que moi, ne pouvait m'apporter aucun soulagement. Cependant, grâce à l'humanité de l'équipage, et surtout aux soins obligeants du capitaine, nous eûmes le bonheur de nous rétablir.

Notre traversée fut fort heureuse, — et après

quarante-neuf jours de navigation, nous mouillâmes
sur la rade de Rio-Janeiro, capitale du Brésil, le
25 août 1837. C'était le cas de s'écrier avec Scribe :

Salut, belle patrie !!!
Salut, terre chérie !!!

Descendus à terre, nous allâmes loger à l'hôtel du
Nord. Les jours suivants, nous fîmes mettre à terre,
toutes nos marchandises, nous louâmes un magasin
pour les y déposer, et du 26 août au 24 décembre,
nous avisâmes au moyen de vendre toute notre car-
gaison. Sur ces entrefaites, mon mari tomba malade.
Monsieur le docteur Sénéchal lui prodigua les soins
les plus empressés, mais attaqué d'un flûx de sang et
de fièvres putrides, il me laissait peu d'espoir de
conserver la santé. Il était dans un tel état de faiblesse. que je craignis un instant pour sa raison. Déjà
le malheur semblait nous menacer. Enfin, Dieu aidant,
il devint convalescent. Alors je le promenais, chaque
jour, lorsque la chaleur était passée, au bord de la
mer; je cherchais à lui inspirer une confiance que
j'étais bien loin de goûter moi-même; le ciel exauça
mes vœux. Mes soins assidus, joints aux bonnes at-
tentions du docteur Sénéchal, le ramenèrent graduel-
lement à la santé.

Délivré de ce malheur ; nous avisâmes au moyen
de nous faciliter l'acquisition d'un terrain propre à
établir une plantation, et, pour arriver à ce résultat

il fallût songer à vendre nos marchandises d'Europe.
Nous fim.:s donc annoncer l'ouverture de nos magasins,
et, à notre grande satisfaction, nous écoulâmes toutes
nos marchandises à un prix très avantageux. Cette
vente nous procura un bénéfice de 15 pour cent
environ.

Nous achetâmes, à neuf lieues de Rio-Janeiro, une
fort jolie habitation, située sur le sommet d'une montagne dont la vue délicieuse dominait les côteaux
voisins. De tous les côtés nous découvrions l'horizon
Nous y respirions l'air le plus pur ; le site était des
plus pittoresques. Cette belle plantation consistait en
18.000 pieds de café. Le vallon et le bas de la montagne étaient plantés de belles cannes à sucre; le
versant du côteau était couvert de bois odoriférants,
aux riches couleurs, connus en Europe, sous le nom
de Bois du Brésil. Dans ces groupes d'arbres, l'on
y voyait le cocotier, près du jacaranda; çà et là, l'o-
ranger, le citronnier, le mélomier, le dattier. Dans
les vallées, le chèvre-feuille, le genêt à fleurs, le myr-
the, le jasmin, entrelaçaient de leurs tiges flexibles
les beaux grenadiers à fleurs rouges, formant des
allées en berceaux et répandant dans les airs les plus
doux parfums. — Qu'il était doux de respirer ces
suaves odeurs que nous apportait la brise du matin
ou la fraîcheur du soir, cette riante plantation située
sur les bords de la Mandaille, porte le nom de la

montagne qui couronne notre habitation et dont le
poëte eut dit :

> O beaux jours du printemps! ô vallons enchantés!
> Quel chef-d'œuvre des arts, égale vos beautés!!!

Cette belle propriété, négligée dans ses rapports
de culture, faute de nègres pour la rendre productive
exigeait de nous, comme acquéreurs, un nouveau
sacrifice. Il nous fallait absolument des bras, et par
conséquent des esclaves nègres.

Nous avions associé, pour un tiers dans nos bénéfices un certain aventurier nommé Jules Lecarpentier
Duboscq, petit-fils d'un ministre de Louis-Philippe.
Ce personnage s'était embarqué au Hâvre, à bord du
même navire, sur lequel nous avions fait la traversée;
possédant quelques talents particuliers, il y joignait la
connaissance de la langue Portugaise que l'on parle au
Brésil. Cette particularité, ajoutée aux marques d'affection qu'il nous témoignait, lui avait mérité notre
confiance. Mais, pour mieux faire connaître les motifs
qui déterminèrent mon mari à admettre cet aventurier
en qualité de co-associé dans les produits de notre
plantation, il est indispensable que je résume ici les
faits qui trompèrent ma bonne foi. « Plût à Dieu qu'à
» cette fatale époque j'eusse eu connaissance, ainsi
» que je l'ai appris depuis, de Monsieur le Consul Fran-
» çais, de ses ruses et de ses friponneries auprès des

personnes qui l'avaient employé avant nous. » Il avait
déjà fait plusieurs voyages au Brésil, et sa réputation y était totalement perdue, tant par sa démorali-
sation complète que par ses actes continuels d'indé-
licatesse. — Assurément, il ne serait jamais entré à
notre service, et surtout comme confident intime dans
l'exploitation où nous voulions bien l'admettre. Non
seulement, il ne possédait aucune ressource, mais
il était encore réduit à la plus affreuse misère !!!

Monsieur Jules Lecarpentier Duboscq se présenta
à mon mari, il lui fit entrevoir, après force politesses,
qu'il était totalement déçu dans ses espérances, attendu
que toutes les personnes auxquelles il s'était présenté
et auxquelles il avait été recommandé d'une façon
toute particulière, étaient parties pour la France ;
que privé, par ces circonstances malheureuses, et
d'argent et d'emploi, il se trouvait réduit à une position des plus critiques. Ses paroles, ses manières
semblaient si naturelles, les larmes qu'il répandait
nous paraissaient si sincères, les supplications qu'il
nous adressa pour que nous lui vinssions en aide, nous
navraient tellement, que mon mari, jugeant les autres
d'après son propre cœur, et n'écoutant que sa trop
grande bonté, lui offrit ses services sans prendre
aucune information sur les antécédents de cet aventurier. J'ai de l'argent, lui dit-il, je viens d'acquérir
une plantation qui me promet des chances d'avenir,

vous pouvez donc m'être d'une grande utilité : de plus, vous connaissez la langue du pays ; je vais en conséquence vous prendre à mon service, et, vous participerez, dès lors, à un tiers de mes bénéfices dans tous les produits de l'exploitation. — A ces mots, il tombe à nos genoux, et les arrose de ses larmes. Comment pourrais-je reconnaître tant de bienfaits, s'é-crie-t-il ? En employant tout votre zèle à nous servir, lui répond mon mari, qui le prit dans ses bras, et l'embrassa avec émotion. — Votre expérience, vos malheurs, ajouta-t-il, votre connaissance de la langue Portugaise, tout semble concourir à votre bien-être futur. En travaillant ardemment avec nous à la prospérité de notre propriété, et, en obtenant une part dans les bénéfices, vous assurerez bientôt votre bonheur et vous vous préparerez une honorable carrière. Monsieur Jules nous affirma sur la foi du serment que désormais sa vie entière serait consacrée à la reconnaissance, qu'il ne nous abandonnerait jamais ; qu'aucun sacrifice ne lui coûterait pour reconnaître nos bienfaits, que mon mari était bien pour lui un ami, un père, un sauveur ; que son existence, son avenir, tout lui était à jamais acquis. — Hélas ! le perfide mûrissait déja dans son cœur l'ingratitude la plus noire, car il abusa bientôt de notre confiance, en emportant notre argent et en prenant la fuite avec les faibles ressources pécuniaires, qui seules pouvaient nous mettre à même de réaliser nos plus chères espérances, ressources acquises avec tant de peines, de sacrifices, de persévérance et de travail !

Un jour, mon mari lui parla ainsi : puisque vous nous êtes entièrement dévoué, que votre position se rattache à la nôtre, voilà le moment de nous montrer votre attachement. D'après les nouvelles que j'ai reçues, il y a quelques instants, il vient d'arriver à Rio-Janeiro, un navire chargé d'esclaves noirs. Voilà l'argent nécessaire pour en acheter une vingtaine, et les emmener à l'habitation. — Pour faire une plus grande diligence, sellez mon cheval, prenez mes armes et partez à l'instant. Il se mit en route aussitôt, nous assurant de son zèle, des soins qu'il allait employer à cette nouvelle acquisition, et surtout de la vigilance qu'il devait apporter dans cette affaire. Notre satisfaction était des plus grandes.

Les terres de Mandaille, dont notre établissement portait le nom, ainsi que je l'ai dit plus haut, ne sont éloignées de Rio-Janeiro, que de neuf lieues. Nous étions convaincus, mon mari et moi, que M. Jules, en sa qualité de co-associé, ferait toutes les diligences possibles pour se procurer les nègres dont nous avions besoin pour la prospérité de notre plantation. J'espérais que son absence ne durerait pas plus de quatre jours. Ce délai expiré, mon mari commença à concevoir quelques inquiétudes. Je le tranquillisai cependant de mon mieux, non sans partager toutefois ses tristes prévisions. Mais, eu égard aux avantages que nous lui avions si cordialement accordés, nous ne pouvions nullement nous mettre dans l'idée qu'il eut pu nous payer d'ingratitude. En effet, comment aurions nous pu penser qu'un homme sans crédit, sans ressources, réduit à la plus affreuse misère, serait assez lâche pour commettre envers ses bienfaiteurs un crime aussi abominable : La trahison!... Certes, si les fourberies infâmes qu'il avait commises antérieurement au Brésil, et qui l'avaient totalement perdu dans l'estime des gens notables du pays, fussent parvenues à notre connaissance, nous eussions indubitablement évité un malheur qui eût tant d'influence sur nos affaires, et qui faillit nous conduire à une ruine certaine! Heureusement la Providence vint à notre secours.

Huit jours s'étant écoulés depuis son départ, nos craintes augmentèrent ; l'impatience de mon mari était à son comble. Je pars pour Rio-Janeiro, me dit-il, le neuvième jour ; le retard de Monsieur Jules ne me paraît pas naturel. J'entrevois de la négligence ou de la mauvaise foi de sa part, car, je lui avais confié une somme assez considérable pour l'acquisition de vingt nègres. Or, dans le cas où il ne lui aurait pas été possible de se procurer ce nombre, il devrait au moins avoir amené déjà ceux qu'il aurait pu obtenir. En conséquence, il prit son fusil à deux coups, (il est très dangereux de voyager dans ces parages sans être armé) et se mit en route, à pied, puisque, pour faciliter à Monsieur Jules les moyens de faire diligence, il lui avait cédé son cheval tout harnaché. Avant son départ, mon mari me pria de calmer mon inquiétude, me prit dans ses bras, m'embrassa tendrement, me fit ses adieux et partit.

Seigneur, que d'angoisses cruelles, que de tourments mon âme ressentit au moment de son départ! Mes forces étaient épuisées, le chagrin m'accablait!

A son arrivée à Rio-Janeiro, mon mari s'empressa d'aller trouver le capitaine du vaisseau négrier (c'est ainsi qu'on appelle les navires qui font le commerce des nègres), et lui demanda s'il avait connaissance qu'un nommé Jules Lecarpentier-Duboscq, son fondé de pouvoir, eut fait l'acquisition de quelques esclaves. Sur la réponse négative du capitaine, il s'enquit auprès de plusieurs autres personnes de l'endroit où il pouvait être et si l'on savait ce qu'il était devenu. Il prit à ce sujet tous les renseignements désirables, exerça toutes les recherches possibles, mais ces démarches réitérées n'ammenèrent aucun résultat. — Accablé par l'ennui, mon mari résolut alors de porter sa plainte à Monsieur Tonnel, consul-général de France au Brésil, résidant à Rio-Janeiro, avec prière de lui refuser des papiers, s'il se présentait par hasard pour en obtenir. Monsieur le Consul le reçut avec la plus grande cordialité, lui promettant de remplir de son mieux toutes ses intentions. Avant de quitter mon époux, il l'engagea, pour plus amples renseignements, à aller consulter, Monsieur Denois, chancelier du consulat. Mon mari s'y rendit en effet, et apprit de celui-ci que Monsieur Jules Lecarpentier Duboscq s'était présenté à sa demeure, sollicitant un permis de passage : qu'à cet égard, il avait allégué qu'il ne trouvait pas d'emploi convenable à Rio-Janeiro, que les personnes qui l'avaient engagé.à venir les trouver avaient pour des motifs d'intérêts, quitté la ville, et même le Brésil, pour retourner en France, qu'alors il croyait plus prudent, afin de ménager ses faibles ressources, de partir le plutôt possible. Si, comme le dit à mon mari, Monsieur le Chancelier du consulat, des plaintes étaient parvenues à sa connaissance, et en temps opportun, il se fut empressé de ne pas lui délivrer de permis de passage, mais, aucun empêchement n'ayant été signalé, il avait cru devoir obtempérer à ses désirs en lui délivrant ses pouvoirs. Par conséquent, la liberté de partir lui avait été signée depuis quatre jours, et, le batiment sur lequel il avait arrêté son passage et son départ, avait mis à la voile depuis deux jours seulement.

Je laisse à juger de l'étonnement dans lequel tomba mon mari à cette triste nouvelle ! Sa fortune, ses espérances se trouvaient évanouies!... Peu s'en fallut qu'il ne perdit la tête!... Il repart aussitôt, vient me rejoindre dans notre propriété, mais quel remède apporter à une semblable catastrophe?...

J'étais aussi affligée que lui; il m'était difficile de soulager sa peine, de consoler sa douleur, de faire renaître dans son cœur le calme nécessaire ou une lueur d'espérance. Le courage me manqua ; je crus pendant un moment que cette cruelle aventure n'était qu'un songe, hélas! c'était une réalité!.. Je cherchai à m'illusionner, à voir renaître l'avenir. Mais le coup qui frappait mon mari m'écrasait également; j'avais un poids énorme sur le cœur, mon seul soulagement devait exister dans le chagrin et les larmes que je cachais autant qu'il m'était possible à mon malheureux mari. Hélas !.. mon Dieu ! à quelles épreuves mettez-vous vos faibles créatures?... Pourquoi les accablez-vous donc du poids de votre colère? Mais je murmure contre vous... — Pardon Seigneur, car, c'est vous qui me faites la grâce de faire rentrer le calme et l'espoir dans le cœur de mon mari ! — En effet, la nécessité est bien la mère de l'industrie. Ne possédant absolument que notre propriété, et n'ayant plus la possibilité, faute de bras, de la faire valoir ; voulant de plus la conserver, à tout prix, malgré les revers que nous éprouvions, il nous fallait absolument la confier à un vieux nègre dévoué pour en tirer le parti le plus convenable. Pour cela, nous devions, mon mari et moi, nous livrer provisoirement à quelque genre d'industrie, qui nous permit de réparer, avec de l'économie, les pertes que nous venions d'éprouver, pour reprendre, plus tard, avec l'aide de Dieu, la culture de notre plantation, but unique de nos sacrifices passés et des rudes épreuves que nous avions subies. Nous nous arrêtames conséquemment à cette résolution, et nous avisâmes au moyen de nous créer une industrie.

Afin de donner suite à notre projet, nous laissâmes donc la culture de notre propriété à notre vieux nègre ; nous lui donnâmes nos instructions. en lui accordant tous nos pouvoirs, pour la gérer en notre nom. Nous revinmes ensuite, à Rio-Janeiro, avec l'intention d'y demeurer provisoirement. Nos effets emballés et rendus à destination, nous ne pûmes trouver un endroit assez commode pour y exercer convenablement une profession quelconque. — Force nous fut donc d'aller résider à quatre ou cinq lieues de cette ville, dans une petite mâsure, sur le bord d'un chemin peu fréquenté. Le pays étant assez fertile en plantes potagères, et le bois étant très commun, nous fîmes un petit jardin. — Mon mari qui était un adroit chasseur, décida qu'il irait fréquemment à la chasse des oiseaux qui sont en grand nombre dans cette contrée. Ces oiseaux, donc le riche plumage, la variété des cou-

leurs et la gentillesse sont si vantés, devaient servir un
jour à enrichir quelques uns de nos cabinets d'histoire naturelle. — Le Brésil est le seul pays du
monde réputé pour l'abondance et la richesse des
collections. — Dès l'aube, mon mari, après avoir
pris un peu de café et avoir mis dans sa carnassière
la nourriture nécessaire à ses besoins, partait en
chasse, et restait quelquefois, à battre les bois, deux
ou trois journées de suite, exposé à mille dangers, et
sous un soleil brûlant. Dans quelles angoisses n'é-
tais-je pas plongée, lorsque le soleil disparaissait derrière les chaînes des hautes montagnes, contigues
aux Cordillières, qui partagent l'Amérique du Sud
de l'Amérique du Nord, faisant bientôt place à la
nuit sombre dont le voile impénétrable semblait enve-
lopper la terre. Au milieu de cette obscurité qui venait
ajouter à l'horreur de ma situation, combien de pressentiments funestes assiégeaient mes pensées! Mille
frayeurs se présentaient alors à mon imagination. Je
me figurais voir mon mari exténué de fatigue, tombé
sous les griffes cruelles d'un tigre ou d'un léopard, ou
bien massacré impitoyablement par les sauvages du
pays; seule, isolée dans ma chétive demeure, éloignée
de toute habitation, je n'avais personne à qui je pus
confier mes craintes, mes peines, mes souffrances;
l'écho seul, hélas! me renvoyait mes gémissements!!!
Mais, quand arrivait le retour, quelle n'était pas ma

joie, je revenais à la vie. Je lui prodiguais les soins les plus empressés, alors je prenais plaisir à le serrer dans mes bras ; j'arrosais sa poitrine de larmes, j'essuyais la sueur qui coulait de son front, je lui adressais quelques tendres reproches sur le retard qu'il mettait dans ses courses, je lui préparais son repas, je prenais ensuite sa chasse et j'admirais ces beaux oiseaux que je devais empailler ; je calculais le produit de leurs ventes : j'étais, je l'avoue, folle de bonheur. Chaque mois j'allais les vendre à Rio-Janeiro, et, à mon retour chez moi, je me sentais heureuse. Chaque jour, seule, sous mon petit toit, à l'abri des ardeurs du soleil, je dépouillais et empaillais ces oiseaux aux riches couleurs, dont le produit très lucratif nous faisait vivre très honorablement Parfois, pour faire reposer mon mari de ses longues et pénibles courses, nous allions passer sept à huit jours à la ville. Mes oiseaux et mes insectes n'étaient jamais assez nombreux pour satisfaire aux commandes continuelles qui m'étaient faites par les négociants et les familles distinguées du Brésil. Les produits de mon industrie partaient presque aussitôt pour l'Europe.

Mon mari redoublait de zèle et d'activité, dans l'espoir de gagner davantage ; mais, d'un autre côté, il négligeait sa santé. Aussi tomba-t-il bientôt malade d'épuisement et de fatigue ! Je songeai dès-lors que pour le conserver, il nous fallait renoncer à ce genre d'industrie. Nous avisâmes donc au moyen, après sa convalescence qui n'eût lieu qu'après quatre mois de maladie, d'employer nos petites économies d'une manière plus avantageuse et plus conforme à ses forces. Monsieur le docteur Lefèvre qui avait soigné mon mari avec le plus vif intérêt, donna en cette occasion une nouvelle preuve de sa sollicitude, en nous remettant une lettre de recommandation pour Monsieur Robillard, l'un des plus riches colons de Rio-Janeiro. Afin de mettre à profit la bienveillance de Monsieur Lefèvre et de procurer à mon époux un changement d'air, si nécessaire à sa santé, nous nous empressâmes de faire nos préparatifs de voyage, et de quitter la capitale du Brésil, le 15 novembre 1839.

Les plantations de Monsieur Robillard étaient situées à Ubatuba, petit port de mer, à cent lieues de Rio-Janeiro. Nous nous embarquâmes dans les premiers jours de janvier 1840. par un temps nébuleux et orageux, sur le bateau à vapeur le Sinnaïa, dit la fleur d'Ubatuba. Après trois jours de navigation, nous mouillâmes en face de cette petite ville, si toutefois l'on peut donner ce nom à quelques chétives barraques, échelonnées sur la rive, qui forme une anse (demi-cercle), et qui comprend le port.

Nous reçumes de Monsieur Charles Robillard, auquel nous étions recommandés d'une manière toute particulière, l'accueil le plus flatteur. Nous regardant moins comme étrangers que comme des membres de sa famille, il voulut que son habitation, qui était aussi riche que charmante, fût notre résidence, et, à ce sujet, il nous assigna une chambre dans la maison qu'il habitait. en donnant l'ordre à ses nombreux domestiques, de nous y servir et de nous considérer comme lui-même.

Cette résidence agréable, tout en étant favorable à mon mari pour son rétablissement, lui facilita les moyens d'apprendre la culture et de se livrer paisiblement à l'exercice de la chasse. Désireux de reconnaître les bontés dont ne cessait de nous combler Monsieur Robillard, nous lui fîmes cadeau, pour être envoyé à sa famille, à Paris, d'une très belle et très curieuse collection d'oiseaux empaillés, et de différentes sortes de papillons et d'insectes de tous genres.

Enfin, mon mari partit pour Rio-Janeiro dans l'intention d'acheter dans les magasins de cette ville, avec les quelques économies que nous avions pu réaliser, un joli assortiment de nouveautés et d'indiennes. Comme nous possédions encore notre billard et ses accessoires, il pouvait, en occupant une maison attenante à la notre, y établir un café, tandis que j'aurais exercé la profession de marchande.

Mon mari était parti depuis plusieurs jours et j'attendais son retour avec la plus vive impatience, mais aucune nouvelle ne m'arrivait. Les bruits les plus sinistres circulaient dans le pays, sur le retard du bateau à vapeur; quand un matin, étant allée sur le port, selon mon habitude, pour apprendre quelques nouvelles, ou voir si le navire tant désiré n'arrivait pas, une personne m'aborda tristement, en s'écriant: « Ah! Madame, quel malheur! quel affreux événement!.. » eh quoi, lui répondis-je, que voulez-vous dire, qu'est-il donc arrivé? « Comment ajouta cette personne, vous ignorez donc que le bateau à vapeur à fait naufrage, et que tout l'équipage a péri corps et biens. » — A peine avait-elle prononcé ces paroles que je tombais sans connaissance. J'ignore le temps qui s'écoula pendant mon état d'inanition; toujours est-il que revenue de mon évanouissement, et après avoir repris l'usage de mes sens, je me trouvais entre les bras d'une négresse qui m'avait prodigué tous les soins possibles. Les larmes que je répandis alors abondamment dissipèrent mes souffrances; bientôt le calme reparût dans mon âme, car on me donna quelques nouvelles plus rassurantes. En effet, le soir on annonça le navire, et deux heures après il arrivait au port. — Que ma joie fut grande lorsqu'il me fut permis de serrer mon mari dans mes bras; il m'apprit alors que la cause de son retard avait été occasionnée par une avarie survenue à la machine, et qu'il avait fallu relâcher en route, pour réparer le dégât et reprendre la mer.

Il y avait déjà neuf mois que nous avions fixé notre séjour chez l'estimable Monsieur Robillard, les marchandises que mon mari apportait de Rio Janeiro, ajoutées à celles que j'avais en possession, pouvaient, en les déballant, nous procurer un bénéfice raisonnable. Nous résolumes donc, pour le réaliser, d'ouvrir notre magasin à Ubatuba, le 1er septembre 1840. — Nous fûmes néanmoins obligés de retarder l'exécution de notre projet au 21 janvier 1841, pour cause de location et frais d'établissement, à cette époque le public vint nous visiter.

L'établissement projeté d'un café pour mon mari eut lieu le même jour, il ne put toutefois y installer son billard d'une manière convenable, que six mois après, le 12 août 1841.

Je fis dans mon magasin de très brillantes affaires; pour s'en former une idée exacte, je quadruplai mon bénéfice, en général, sur tous les articles que je mis en vente.

De son côté, mon mari prospérait d'une manière satisfaisante. Plût à Dieu que l'ambition de toujours acquérir n'eut jamais été sa passion dominante! — Certes, nous eussions pu, par notre économie, notre ordre, notre calcul et nos prévisions, arriver à une fortune colossale. La fatalité vint y mettre obstacle; il était écrit là haut, que le terme de nos infortunes n'était pas encore arrivé.

O fortune, les anciens t'appelaient destin.....

À peine au comble de nos vœux, le caractère inquiet de mon époux formait déjà de nouveaux projets qui allaient détruire ce que la prudence et l'économie avaient pu édifier. Les relations de différents voyageurs et aventuriers lui revinrent à l'esprit, et y alimentèrent un désir insatiable de richesses.

Les mines d'or et diamants dont le pays abonde, l'avaient tellement ébloui dans ses rêves d'ambition, que toutes ses facultés se rattachaient maintenant à cette nouvelle exploitation. Le Brésil étant le seul pays au monde qui possédât les diamants les plus précieux ; ni sacrifices ni obstacles ne purent entraver ses désirs. Son imagination, ses vœux les plus ardents n'avaient plus qu'un seul but : la fortune!... Rien ne pouvait l'arrêter; il nous faut rouler sur l'or, me dit-il un jour, ou mourir. Nous avons le champ libre, ne perdons pas un seul instant l'occasion d'en profiter. — Cruelle illusion, triste égarement de l'esprit humain! Que ne connut-il alors les revers, les malheurs, les passions et les haines que traînent à sa suite l'ambition!.. Que pouvions-nous en effet désirer de plus convenable que la position agréable dont nous jouissions? Nous respirions après l'orage; le public qui connaissait notre bonne foi, nous avait accordé son estime ; nous étions considérés des personnes les plus recommandables de la localité; notre réputation était connue à trente lieues à la ronde, et nous étions entourés d'amis puissants, dont les bienveillants services nous étaient assurés. Pour transporter nos marchandises dans les lieux environnants, nous avions à notre disposition des chevaux et des bêtes de somme, tout le monde enfin était à notre disposition.

« Oh ! disparaissez bien vite, déchirants souvenirs,
» présents sans cesse à ma mémoire ! C'est toi, fu-
» neste ambition, qui t'emparant de mon mari, fut
» cause de ses malheurs, et de sa perte ! C'est toi qui
» lui creusas sa tombe, c'est toi qui renfermas dans
» son cercueil ses vastes projets d'avenir, car, tu sa-
» vais que là, était le néant des choses humaines !! »

Pour mettre à exécution les projets chimériques de mon époux, il fallut vendre notre fonds de magasin. — Nous trouvâmes un acquéreur en la personne de Monsieur Evariste Gauthier ; cette affaire terminée, nous allâmes faire nos adieux au bon Monsieur Robillard. Notre séparation fut bien pénible, surtout pour moi. — Nous quittions non seulement un ami dévoué, un protecteur, mais un père qui mettait tout son bonheur à se rendre utile aux Français, ses concitoyens.

Le 14 janvier 1841, après avoir franchi non sans beaucoup de peine, la haute montagne d'Ubatuba, nous arrivâmes à Saint-Louis, chez Monsieur Ignace Alva, où nous demeurâmes vingt jours.

Le 6 février, nous arrivâmes à Tamboto, après avoir éprouvé de grandes fatigues à gravir, avec nos bêtes de somme, une montagne excessivement haute du sommet de laquelle l'on découvre l'horizon de tous côtés. Nous fûmes loger chez Monsieur Fontaine, commissaire de transports, où nous passâmes quarante-deux jours.— Le 10 mars, nous nous remîmes en marche pour Saint-Paul, en passant par Saint-Jose, Jacarahy et Mogis das Crusas. La ville de Saint-Paul était en insurrection, nous n'y demeurâmes que trente-huit jours; nous étions logés chez M. Charles. —Le 4 juin suivant, nous descendîmes à Santos, où nous restâmes jusqu'au 8 janvier 1842.

Inquiète sur le sort de mes malles que j'avais fait diriger d'Ubataba à Santos, je pris la résolution de retourner, à Saint-Paul, et d'attendre leur arrivée dans cette localité. A ce sujet, j'écrivis au commissionnaire de changer leur itinéraire ; mes malles suivirent de près ma demande ; je m'empressai donc de les ouvrir : Hélas! quelle ne fut pas ma douleur et ma surprise, lorsque je reconnus que mes effets étaient complètement avariés. Mes malles avaient été inondées à bord du navire ; puis, étant restées fermées pendant l'espace de trois mois, tous les objets qu'elles contenaient soieries, indiennes, nouveautés, linge, ma garde-robe et celle de mon mari, étaient en état parfait de pourriture et tombaient en lambeaux.

Voyant alors que je ne pouvais tirer aucun parti de ces articles, ce fut pour moi un grand sacrifice, d'être obligée, avec l'aide de trois nègres, d'abandonner ces lambeaux fumants au gré des vents et de la mer.

Nous établimes notre domicile, à Santos, dans une jolie maison de campagne, appartenant à M. Antoine Martin, sur la route de Court-Baton. Mon mari y exerça provisoirement la profession de courtier marchand de nègres pour le compte d'un Italien, moyennant un escompte déterminé par nègre livré.

Retenus dans ces parages contre notre gré, et par suite du blocus de cette ville, occasionné par la révolution de Saint-Paul, nous résolûmes de retourner à pied dans cette ville, et de franchir pour la troisième fois, les Serres, montagnes très escarpées. Nous arrivâmes, à Saint-Paul, dans les premiers jours de l'année 1842. Nous y trouvâmes une Société avec laquelle mon mari avait traité pour faire le voyage de la Diamantine, ville située dans la province de Matagrosse, et renommée par ses mines de pierres précieuses que l'on expédie dans toutes les parties de l'Europe.

CHAPITRE II.

Itinéraire de Rio-Janeiro à la Diamantine, — Arrivée à Saint-Paul. — Départ pour les mines. — Jusquiry Jundias.

Partis de Rio-Janeiro le 1er janvier 1843, à bord du bâteau à vapeur le Viador, nous relâchames à Angres dos Reis, à Mangaratiba, à Vuatuba, à Saint-Sebastian et à Santa. Nous séjournâmes dans cette dernière ville du 4 au 7. — Le 8, nous passâmes le pont de Casquero, formé de 490 planches de 8 pouces de largeur. Nous en rencontrâmes un semblable, à peu près, à l'entrée du hameau. Nous trouvâmes également un troisième pont, couvert dans toute sa longueur, appelé le Pont de Court-Bâton; sa longueur est de 290 pieds et sa largeur de 20 pieds. — Il sert de passage aux troupes qui descendent de Saint-Paul à Santos. La quantité de mulets et de bêtes de somme qui passent chaque jour sur ce pont est évaluée à mille. Nous restâmes dans cet endroit jusqu'à l'arrivée des troupeaux de mules car la consigne prescrit de ne se mettre en route qu'après leur passage, attendu que plusieurs d'entr'elles s'égarent dans les bois, et qu'il faut ensuite aller à leur recherche.

Le 9, nous avons gravi la Serre, montagne qui donne son nom au pont et au hameau qui l'avoisinent; du sommet de cette montagne si élevée nous pûmes contempler à notre aise un immense horizon, une vaste étendue de pays ; à droite, on aperçoit les premières chaînes de montagnes des Cordillières; à gauche, des déserts arides et des riants vallons ; devant soi, des bois et des collines. De ce point nous continuâmes notre route jusqu'à Saint-Bernardo , où nous fîmes halte, nous y fûmes parfaitement traités par le père du conducteur de la troupe, le 10, nous partîmes pour Saint-Paul , où nous y arrivâmes à deux heures de l'après-midi.

Saint-Paul , capitale de la province qui porte son nom, est la résidence du Président. Cette petite ville située sur une montagne, est bien bâtie ; elle est pavée en grandes dalles ; les maisons les plus hautes ne dépassent pas deux étages. L'air y est très pur, aussi y est-il recherché par les étrangers qui habitent cette contrée, la température en été y est très supportable mais en hiver, le froid est sec et très vif, il y gèle quelquefois. Ou récolte dans ce pays une grande quantité de nos fruits d'Europe : pêches, pommes, abricots, prunes, figues, raisins, etc. — Saint-Paul possède un collége qui reçoit continuellement un grand nombre d'élèves. Sa population est de 20,000 âmes. Durant notre séjour d'un mois et demi environ ; nous employâmes ce temps à faire emplette de mules, harnachements, vivres et outils nécessaires à l'exploitation des mines. Nous nous pourvûmes aussi pour la troupe de trente-et-une bêtes de somme, ainsi que de différents articles, consistant en armes, poudre, effets et autres ustensiles.

Le 24, arrivèrent dans cette ville, les nommés Pradier, Frédéric et Victor, qui, avant notre départ de Rio-Janeiro, avaient traité avec nous et devaient nous rejoindre à Saint-Paul.

Le 26, les sieurs Alexandre, Pradier, Leblanc, Frédérick, Lalanne, Victor, Larose, Guillaume, Martin, se réunirent en présence de l'Agent consulaire qui se trouvait en ce moment dans cet'e ville, pour passer un acte de société, sous l'approbation dudit Consul. Nous remîmes à un autre jour le soin de revêtir cet acte de nos signatures, puis nous nous retirâmes satisfaits de cette association.

Nous fixâmes notre destination pour la Diamantine, dans la province de Cuyaba. — La Diamantine est une petite ville assez mal bâtie, située sur le penchant d'une colline et sur le bord d'une petite rivière, appelée la rivière d'Or. A deux cents brasses de cette rivière, on en trouve une autre qui porte le nom de la ville où nous étions, probablement à cause de la grande quantité de diamants qu'on en retire chaque année.

A dix lieues à la ronde de la Diamantine, les mines de diamants sont d'une abondance et d'une richesse incalculables, elles sont exploitées, en général, par les habitants du pays et des villages, dans la circonscription desquels elles se trouvent.

Chaque année, dans le courant de Janvier et Février il s'y fait un grand commerce de nègres que l'on expédie de Rio-Janeiro. Les négociants de la capitale viennent dans la province de Cuyaba, et surtout à la Diamantine, pour y acheter des diamants que les mineurs ont extrait des mines, ou pour les échanger contre d'autres marchandises ou instruments utiles à l'exploitation. Les diamants, d'ordinaire, sont livrés à des prix fort élevés.

La distance de cette ville à Rio-Janeiro est de cinq cent cinquante lieues Brésiliennes. Pour entreprendre ce voyage, il faut consacrer neuf à dix mois, et quelquefois d'avantage, vu les obstacles sans nombre que l'on rencontre, en traversant les rivières, les forêts et même les déserts les plus arides. Dans ces parages sauvages, ni sentiers, ni routes ne sont tracés. On ne peut parcourir ces vastes et tristes solitudes du nouveau monde que pendant le jour, ou quelquefois la nuit, à la clarté des étoiles. Mais nous étions informés d'avance des nombreux obstacles que nous aurions à surmonter dans notre pérégrination.

Bien que mon seul désir fut d'accompagner mon mari dans tous les lieux qu'il devait parcourir, je craignais cependant de me trouver la seule femme au milieu de notre petite caravane. Cette crainte était encore augmentée par les récits que m'avaient fait certains voyageurs, au sujet des sauvages, qui, dans leurs attaques fréquentes, s'emparaient souvent des femmes qui tombaient entre leurs mains. Je crus donc prudent d'entreprendre ce périlleux voyage, sous des habillements d'homme. A cet effet, je pris un large pantalon ; je mis des bottes à éperons d'argent ; j'ajustai à ma ceinture un poignard et deux pistolets ; je m'armai d'un fusil à deux coups et m'affublai d'un manteau qui recouvrait mon justaucorps. — Ainsi encapuchonnée, je ressemblais à une amazone. Cette manière de voyager me convenait extraordinairement et je reçus, je l'avoue, les compliments les plus flatteurs de la petite troupe qui nous accompagnait.

J'avais oublié de dire que nous avions fait emplette à la Diamantine d'une petite filature de vingt-quatre fuseaux et d'un moulin en fonte pour moudre le maïs.

Partis de Saint-Paul, le 1ᵉʳ mars avec nos bêtes de somme, nous allâmes rancher (coucher) à Agoa-Branca-Ranos ; nous restâmes à cet endroit la journée du 12. pour cause de mauvais temps.

Repartis le 13 d'Agoa-Branca, nous marchâmes jusqu'à Jusquiry avec un ciel nébuleux, mêlé d'un peu de pluie, jusqu'à une petite rivière qui donne son nom à cet endroit. Il n'existe à cette étape que quatre maisons seulement, habitées par de pauvres cultivateurs La distance d'Agoa à Jusquiry est de quatre lieues Brésiliennes. Le 14 nous quittâmes Jusquiry où nous avions passé la nuit sous nos tentes. Nous ne pûmes, en raison du mauvais temps et des chemins impraticables, faire plus de deux lieues. Nous atteignimes non sans peine, un endroit appelé Felle-Ranache-de-la-Mation, nous y établîmes notre campement.

Le 15, laissant Felle, nous gagnions Jundias, petite ville mal bâtie et sans aucun commerce ; nous y avons remarqué trois Eglises, si l'on peut qualifier ainsi des espèces de granges mal couvertes, et dans le plus mauvais état. Notre séjour y dura du 15 au 22 du même mois, afin de réparer les harnais de nos mules. Pendant ce temps, nous eûmes le plaisir d'assister à une chasse au chevreuil, très commun dans cette contrée, et que voulût bien nous donner M. le capitaine Jouquin.

Partis de Jundias le 22, nous allâmes camper à Capirari Bollo de Molto. La journée fût très-belle, mais la chaleur excessive, la distance de Jundias à Capirari est de trois lieues, et les chemins sont fort mal entretenus.

Le 23, nous continuâmes notre route jusqu'à Ranché, nommé Corne, le temps était magnifique, notre parcours fut de trois lieues.

De Cornos nous portâmes nos tentes, le 24, à l'extrémité de Campines, petite ville bien bâtie et très

commerçante. Nous y trouvâmes deux Français établis : l'un boulanger et l'autre bijoutier

Nous quittâmes Campines le 25. Nous eûmes encore un temps magnifique, la route est très belle et
bordée de Fascendes, ou plantations de sucre et de
café. Nous remarquâmes aussi une scierie assez im-
portante, et nous nous arrêtâmes sur le bord d'un
grand lac, éloigné de Campines, de trois lieues et
demie environ.

Le 26, après avoir enlevé nos tentes, à huit heures du matin, nous résolûmes d'aller camper à l'Péra-
pitange ; nous fûmes arrêtés dans notre course par
la rivière de Jacquary. Force nous fût d'y faire passer à la nage nos bêtes de somme ; quant à nous et
à nos marchandises, nous fûmes bientôt tirés d'em-
barras par des barques que nous aperçûmes et dans
lesquelles nous fîmes la traversée. Nous avions fait
cinq lieues par une chaleur suffocante ; la fatigue
nous obligea à rester un jour à cet endroit.

Nous nous mîmes de nouveau en route le 28, et
nous fîmes halte à Mogi-Gassis, après trois lieues et
demie de marche.

Le 29, partis de Rio-d'Alexandro, nous arrivâmes
au Coupero par une belle journée. Cependant, la
température changea bientôt et la pluie commença à
tomber aussitôt après notre arrivée au Ranche, à
une distance de trois lieues trois quarts environ.

Laissant le Coupero le 30, pour nous rendre à Lagoa, nous fûmes obligés de passer la rivière de Jacquary une deuxième fois ; seulement, en cette circonstance, nous la traversâmes sur un pont de bois. Au dire des Moradors, habitants de ces parages, il est dangereux de boire l'eau de cette rivière, elle donne des maladies et notamment la fièvre. En route, une Comète que nous avions déjà vue quelques jours auparavant nous apparût de nouveau. Nous couchâmes aux deux Lagoas, à quatre heures de Coupero : Le nom de cette localité lui vient des lacs qui l'avoisinent.

Le 31 du même mois, nous continuâmes notre route jusqu'à Casa-Branca ; le chemin était régulier, la température assez douce ; Casa-Branca est un grand village situé à trois lieues de Lagoa. Nous y rencontrâmes un Italien qui y avait un commerce assez étendu, et nous y restâmes un jour pour reposer nos mûles.

Partant de Casa-Branca, le 2 Avril 1843, pour nous rendre à Laria, il nous fallut traverser une rivière sur un pont de bois. Ce pont, construit en planches volantes ne sert que pour les piétons. Nos bêtes de somme furent contraintes de passer l'eau, chargées de tous leurs bagages, nous fîmes, ce jour là, quatre lieues et demie.

Le 3, nous dressâmes nos tentes à Campignino,

afin d'éviter la rivière de ce nom qui est navigable. Nous traversâmes un Sauret ou bois taillis. Les chemins sont très mauvais à cause des broussailles, des branches d'arbres et des sipeaux qui, à chaque pas, obstruent la route. La journée fut chaude et orageuse. On compte quatre lieues et demie de Laria à Campignino.

Nous allâmes coucher, le 4, à Cajourou, petite ville assez bien bâtie et très animée, située à trois lieues de notre dernière station. Le trajet fut fort pénible, car nous ne vîmes que ravins collines et précipices ; nous passâmes la rivière appelée Torbato.

En quittant Cajourou nous fîmes route vers Araraquoira, belle Fascende ou plantation dans laquelle on élève une grande quantité de bestiaux. Nous descendîmes ensuite une petite Serre ou montagne très mauvaise ; la journée fut belle, notre étape avait été de trois lieues.

Le 7, nous partîmes pour Batatas, nous traversâmes l'Uraragne, petite rivière sujette aux débordements. Batatas n'est autre chose qu'un groupe de maisons, couvertes de paille, distantes de trois lieues d'Araraquoira.

Nous transportâmes nos tentes, le lendemain, sur les bords du Sapucais, grande rivière qui donne de fréquentes maladies à ceux qui s'y baignent ou qui boivent de ses eaux ; elle est infectée par d'énormes.

serpents que l'on nomme Soucourrys dans le pays, et Boas en Europe. On est éloigné de Batatas de quatre lieues et demie environ, la nuit fut assez douce.

Le 9, après avoir séjourné à la Brancas, à un quart de lieue de la ville, nous passâmes le pont de bois de Tabuou, rivière très profonde ; l'une de nos mules s'étant blessée pendant la route, nous fûmes obligés de la changer pour une autre, en payant un supplément à l'Afrania. Il est expressément défendu d'entrer en ville avec des armes. Nous parcourûmes ce jour là, une distance de trois lieues et demie.

Partis de la Brancas le 11, nous nous arrêtâmes à Jemmaria, grande Fascende ou plantation, la journée fut très agréable et nous permit de parcourir trois lieues et demie.

Nous nous fixâmes le lendemain, tout près d'une autre plantation appelée Feipol, après un trajet de quatre lieues, nous avions traversé deux petites rivières.

Ayant quitté cette station le 13, nous nous établîmes en face d'une petite Fascende, nommée Betine, à quatre lieues de Feipol, et dormîmes à la belle étoile, nous avions longé un bois de trois quarts de lieues environ, sans faire la moindre rencontre.

Le 14, sous atteignions l'autre côté de la rivière de Rio-Grande, et nous faisions halte dans un petit Ranche, nos bêtes de somme furent obligées de traverser le Rio-Grande en bateau ; chaque mule chargée, paye un droit de passage de 160 Réaux, les voyageurs et les animaux, non munis de bagages, ne paient que 80 Réaux. Le Rio-Grande prend sa source du côté des mines et va se jeter dans le Couyaboc ; il fournit beaucoup de Soucourrys.

Nous couchâmes, le 15, à ciel découvert, dans un endroit qu'on appelle Conquites, et distant de quatre licues de l'endroit d'où nous étions partis.

Le lendemain, nous allâmes rancher à Auberaba, petite ville éloignée de Conquites de trois lieues seulement, les maisons y sont basses et n'ont pour la plupart qu'un seul étage, elles sont, du reste, très bien blanchies. L'eau, qui y est belle et limpide, circule abondamment dans les rues qui ont, du reste, une assez triste physionomie ; nous eûmes ce jour là un temps magnifique.

Quittant, le 17 Auberaba, nous finimes, après six lieues de marche, par arriver à Figuera, maison tout-à-fait isolée ; comme la nuit était belle, nous la passâmes en plein air.

Nous plantions nos tentes le 18, dans un petit endroit appelé Villo d'Agoa. Nous n'avions rien vu de bien remarquable dans cette petite étape de trois lieues.

Après un parcours de trois lieues nous arrivions, le 19, devant une grande plantation, nommée Boa Viste da Firming, dit Polvora. Nous passâmes la petite rivière de Fijoma. Le 20, nous laissâmes cette plantation pour aller camper à Massego, bon Ranche ; nous fîmes quatre lieues ce jour là. Le 21, nous partimes pour l'Alecugna, où nous avons séjourné, après une course de quatre lieues. Notre étape du lendemain fut également de quatre lieues, nous nous reposâmes sur les bords d'une rivière appelée Panga. Nous partions le 23, pour un lieu appelé Babihona, nous eûmes trois rivières à traverser : la Babihona, la Rio-Dourade, et l'Etape ; cette dernière, beaucoup plus considérable que les deux autres, grossit énormément à l'époque des pluies ; aussi, son cours est-il très rapide. Nous fûmes favorisés par un beau temps. On compte quatre lieues de Panga à Babihona.

Le 24, continuant notre voyage, nous allâmes coucher dans une grande Fascende, appelée Piedada, du nom de la rivière qui l'arrose. L'eau y est d'une limpidité admirable. Nous laissâmes sur notre route le petit village de Montcalègre.

A quatre lieues de Piédada, on rencontre une plantation nommée Ferreira, sur le bord d'un petit ruisseau ; c'est là, que nous passâmes la nuit du 25. Le 26, nous atteignions la Fascende de Passatré, située sur le versant d'une Serre, ou coteau. Au départ, la route y est affreuse ; plus loin elle devient praticable. Une de nos bêtes de somme se blessa pendant le trajet, nous fîmes quatre lieues par une journée très chaude.

Le 27, nous allâmes gagner la rivière de Panara-
hiba, qui est très profonde et très large, elle mesure
plus de cinquante brasses d'eau ; plusieurs autres rivières se jettent dans son lit ; nous la traversâmes en
bateau ; depuis cette année seulement elle porte le
nom de Parana. La route est assez belle, quoiqu'il
faille descendre souvent des côtes assez rapides. Nous
perdîmes encore une mule, ce jour là, et notre étape
fut de quatre lieues.

Notre route du 28 se fraya à travers une épaisse
forêt dans laquelle nous dormîmes à la belle étoile,
malgré des nuées de moustiques et de moucherons
qui ne cessèrent de nous assaillir pendant notre sommeil, ce qui nous incommodait excessivement. Nous
nous arrêtâmes, le 29, à la Fabera, au bord d'une
rivière qui lui donne son nom. Cette localité est in-
festée par les tigres ; nous tuâmes, chemin faisant,
un Quoitié, espèce de singe, délicieux à manger ; notre course fut de trois lieues.

Le 30, nous arrivâmes à la Nieuva, maison aban-
donnée ; nous ne pûmes ni nous mettre à l'abri ni
nous garantir de la pluie dans cette demeure, car elle
s'écroula en partie pendant la nuit ; sa toiture qui
était dans un état de délabrement complet nous la fit
bien vîte abandonner. Bien que nous eussions traversé des bois pendant ce trajet, la route néanmoins
fut assez belle. Le 1er Mai 1843, nous gagnâmes,

après quatre lieues de marche, la Fascende de Sijouias où nous nous arrêtâmes. L'étape fut agréable quoiqu'il nous fallut toujours parcourir les bois
par un soleil ardent. Nous laissâmes Sijouias le
2, au matin, et nous atteignîmes Morin, village de
1,000 âmes, environ, construit dans un bas-fond; la
première maison y fut bâtie en 1834; ce village était
éloigné de quatre lieues de notre dernier gîte.

Le 4, nous transportâmes nos tentes au petit village de Peusse-Alto, situé à cinq lieues de Morin,
les habitations offrent un aspect assez régulier; les
indigènes y sont affables mais nullement industrieux.
Le docteur Lefèvre demeura six mois dans ce village.

Nous parcourûmes quatre lieues le lendemain, et
nous allâmes nous reposer des fatigues de la journée
dans un endroit appelé Poso Alègre.

Le 6, nous campâmes, après trois lieues de marche,
tout près d'une Fascende appelée Bonni Esperanca
Alta. Le propriétaire de cette Fascende était un vieillard âgé de 110 ans, presque sourd, et dans un état
presque complet de cécité. Sa principale occupation
de chaque jour consistait à faire danser des chevaux
montés par un vieux nègre de 80 ans, il y a, comme
on le voit, des originaux sous toutes les latitudes.

Le 7, après avoir marché pendant l'espace de quatre lieues sans pouvoir rencontrer rien de spécial ni
de particulier; nous fûmes obligés de nous arrêter

pour passer la nuit. Nous reprîmes notre route le 8, et nous gagnâmes Larria qui est une habitation déserte occupée par une seule famille, et dont l'unique soin est la culture des terres. Le soir de notre arrivée, quelques personnes des habitations voisines se rassemblèrent dans ladite maison et y dansèrent, durant toute la nuit, au son des guitares. Après ce bal improvisé nous partîmes pour Malto Grande, petit hameau habité par quelques familles, toutes alliées entre elles. Nous fîmes quatre lieues, ce jour là, sans que la route nous offrit le moindre agrément. Le 10, nous eûmes plusieurs bois à traverser, le chemin était très accidenté, nous pûmes enfin camper à Caldas, Fascende assez étendue, située à quatre lieues de Malto-Grande.

Le 11, nons atteignîmes une grande plantation qui se trouvait au milieu des bois, et appelée Caboceira das Antes, à cinq lieues de notre dernier gîte. Le mot Antes veut dire animal ; ce quadrupède ressemble à un veau, âgé de six mois, il porte une trompe comme l'éléphant, et sa chair est très bonne à manger, aussi, les habitants de ces contrées lui font-ils une chasse très assidue.

Le 12, nous sommes allés à la Fascende de Santa-Rita qui se trouve au milieu d'un grand bois, elle appartient à un vieillard, âgé de 93 ans, jouissant encore de presque toutes ses facultés intellectuelles, il y avait environ 63 ans qu'il était allé en France, où pendant une dixaine d'années il avait appris à parler très correctement la langue de ce pays ; mais depuis ils l'avait presque totalement oubliée.

Nous nous rend'mes, le 12, à la Fascende du capitaine Joaquin da Bosta. Cette plantation est sans contredit la plus grande, la plus agréable et la mieux entretenue de toutes celles que nous avions rencontrées durant notre voyage. L'affabilité et la bonté des maîtres de la maison font partie de mes impressions de voyage, et surtout de mes bons souvenirs, car, le soir de notre arrivée, ils nous envoyèrent un mouton, des légumes et de toutes sortes de fruits. Le lendemain, avant notre départ, nous allâmes leur rendre visite et nous fûmes parfaitement accueillis ; la femme du capitaine, surtout, me reçut avec la plus grande cordialité. Il me serait impossible, ici, d'énumérer les politesses sans nombre et les offres de services qu'elle me prodigua. Elle m'accabla de mille questions au sujet de mon voyage, plaignit les fatigues que je devais sans cesse supporter ; elle me questionna amplement sur mon pays et voulut en connaître les mœurs, les habitudes et les usages. Enfin, il fallut nous quitter, notre séparation fut des plus pénibles ; nous nous embrassâmes et nous nous dîmes réciproquement adieu, en fondant en larmes. Il est si doux, lorsqu'on éprouve des fatigues et des malheurs, de pouvoir rencontrer dans un noble cœur la sincère affection et la généreuse sympathie d'un ami !...

Après avoir salué de loin cette plantation hospitalière, nous allâmes coucher, le 14, à la Fascende de Sapé. Nous y fûmes aussi très bien reçus par le maître de l'établissement. Cette belle propriété éloignée de six lieues de la dernière, se trouve sise au milieu d'un grand bois. Là, cinquante nègres sont occupés uniquement, chaque jour, à la culture de la canne à sucre et du café. La route est très montagneuse et d'un parcours difficile. Le 15, nous fîmes une course de quatre lieues. Au milieu d'un bois se trouve Genipapo, c'est là que nous nous fixâmes. Nous y fîmes la rencontre d'une troupe d'hommes voyageant ensemble, et portant un pavillon sur lequel était peint le Saint-Esprit Cette troupe était accompagnée de tambours et de fifres, ces gens là quêtent dans les lieux où ils passent, et l'argent qu'ils recueillent est destiné à la célébration des fêtes de l'église. Chemin faisant, un petit garçon de dix ans qui faisait partie de notre caravane depuis Saint-Paul, déserta pour suivre, sans doute, ces pieux musiciens.

Nous marchâmes, le lendemain, jusqu'à la Fascende du capitaine Brandao, où nous nous arrêtâmes. A un quart de lieue de là, il existe des marais peuplés de Crocodiles et de Soucourrys. Le Soucourry est le serpent le plus monstrueux du Brésil, et peut être du monde entier. Il a beaucoup d'analogie avec un autre serpent appelé Souccourrous, qui est bleu, très long, et habite également les lacs du Brésil. Le Soucourry est gris, et les naturalistes le classent au nombre des ophydiens. Nous en avons souvent rencontré qui mesuraient soixante pieds de longueur sur près de neuf pieds de circonférence. Le poids et la grandeur de ce monstre l'empêchent de se mouvoir avec vivacité, aussi, un homme armé ne le craint-il pas! Quant ce reptile est pressé par la faim, il se place aux endroits où peuvent passer des troupeaux de bœufs; dès qu'un de ces animaux se présente à sa portée, il s'élance d'un bond sur lui, et l'entraîne vers quelque mare voisine : alors, l'enlaçant de nouveau de ses nombreux anneaux, de manière à pouvoir l'étouffer, il semble prendre plaisir à briser et faire craquer les os de sa victime, et ensuite à les broyer dans sa puissante gueule. Satisfait de sa victoire, il dévore peu à peu le bœuf tombé en sa possession jusqu'au moment où ses horribles mâchoires viennent séparer la tête du corps de l'animal. Il tombe aussitôt dans un état d'engourdissement complet, et demeure ainsi pendant trois ou quatre jours auprès des débris sanglants de sa proie; sa digestion opérée, il reste sans aucune force, et c'est alors, dans cet état d'inertie, qu'il est facile de le tuer.

Le 17, nous fîmes cinq lieues par une bonne route, mais sans aucun incident remarquable. Nous couchâmes à Catinguero, jolie petite localité, composée d'une douzaine de maisons seulement. Comme l'étape du 18 était courte, trois lieues, en arrivant au village de la Coraline, nous nous donnâmes entre-nous une petite fête, et nous dansâmes une partie de la nuit. Le 19, nous quittâmes cette position et marchâmes pendant quatre lieues; nous dressâmes nos tentes sur le bord d'une jolie rivière. Nous continuâmes notre route le lendemain jusqu'à Grosjas, capitale de la province et résidence du Président. Nous fûmes obligés de séjourner pendant quatre mois dans cette ville, M. le Président ayant jugé à propos de garder nos passeports, sans en avoir le droit, et de retenir trois de nos compagnons de route, sous plusieurs prétextes plus ou moins bien fondés.

Goyas est une petite ville assez bien bâtie et la plus riche de la province, grâce aux nombreuses mines d'or dont elle est entourée. Depuis quelques années pourtant, son importance a considérablement diminué, par suite de la grande paresse de ses habitants qui ne sont propres qu'à l'exercice de la pêche ou de la chasse. Fainéants par nature, ils laissent de côté ces mines qui constituent la véritable richesse du pays. Inutile d'ajouter que tout autre genre de travail est également abandonné par eux. En 1840, un Italien nommé Argelin, qui s'était fixé dans cette ville, parvint avec le concours des gens notables de la localité à former une Société pour l'exploitation d'une mine d'or, à l'aide de plusieurs mécanismes et d'une centaine d'esclaves; la mine fut exploitée en quinze mois, et neuf cent soixante livres d'or en furent extraites. Malgré le chiffre énorme des dépenses et les frais qu'il avait fallu faire, on obtint encore un bénéfice de 400 livres. Mais, Argelin étant tombé malade, l'on fut obligé d'abandonner cette exploitation que lui seul pouvait mener à bonne fin. Nous partîmes de Coyas le 23 Septembre, et allâmes camper à trois lieues de là, par une route affreuse, à Cachambou. Le 24, nous nous rendîmes à Baréada, et fîmes trois lieues par un chemin rocailleux. Le 25, continuant notre voyage jusqu'à la Pose dos Andios, nous fûmes forcés de passer la nuit à la belle étoile, situation qui nous était devenue familière dans nos nombreuses étapes. Le 26, nous plaçâmes nos tentes au Guarda-mort; le chemin est très difficile pour les piétons. Nous fîmes quatre lieues par un soleil brûlant, nous atteignîmes, le 27, un endroit appelé Boa-Vista, à six lieues de Guarda-mort, la route traverse un bois peu étendu; nous éprouvâmes une grande fatigue à franchir les montées et les descentes que nous rencontrions sans cesse; de plus, le passage était souvent obstrué par d'énormes pierres qui formaient autant d'obstacles pour notre petite troupe ; l'eau nous manqua très souvent durant ce pénible trajet.

Le 28, nous couchâmes au bord de la rivière de Rio-Claro, il y a non loin, un village qui porte le même nom. Dans cette journée, nous passâmes la rivière de Pillou, dont les eaux étaient très basses à ce moment, mais qui grossissent considérablement à l'époque des pluies. Notre distance parcourue fut de trois lieues. Le 29, nous nous arrêtâmes à une lieue de la rivière ; cette rivière fournit beaucoup de diamants de différentes grosseurs. Chaque été les habitants en pêchent de 150 à 200 octaves. Le soir de notre arrivée, l'un de nos compagnons de voyage, le nommé Jean Rose, devint complétement fou ; pendant la nuit, il s'enfuit dans le bois voisin. Ce malheureux, quoiqu'aveugle, avait tellement précipité sa marche, que nous ne pûmes le retrouver qu'au bout du troisième jour. Il était assis au milieu du bois ; voyant qu'il était dans l'impossibilité la plus complète de nous suivre sans l'exposer à courir de grands dangers, nous le laissâmes chez un brave homme, avec prière de le conduire à Coignas. Le 1er Octobre, nous nous rendîmes à Passon par une forte chaleur, le 2, nous arrivions à Saloba où la chaleur était aussi forte, nous avions fait cinq lieues. Nous fûmes obligés de rester deux jours dans cet endroit. De Saloba, d'où nous partîmes le 6, nous gagnâmes Matrinchan après trois lieues de marche. Nous y demeurâmes jusqu'au 11, ayant égaré deux de nos mules que nous eûmes bien de la peine à retrouver.

En quittant Matrinchan, le 11, nous dirigeâmes nos pas vers le lac du Lagoa, éloigné de 6 lieues de notre dernier gîte. Le Lagoa est une espèce de lac, qui est à sec pendant presque tout l'été. Il renferme beaucoup de Pacarés, animal amphibie, de la famille des Crocodiles, mais moins dangereux. Les Pacarés se tiennent cachés d'ordinaire dans les roseaux et sur les bords des lacs; ils ont les mêmes mœurs que les Alligators. Le 12, nous allâmes au Rio-das-Armes, par un chemin magnifique bordé de plusieurs grands lacs; nous aperçumes sur leurs bords un grand nombre d'autruches, qu'il ne nous fut pas possible d'atteindre. Elles sont très difficiles à approcher et voient les chasseurs à une distance fort éloignée,

Nous nous arrêtames, le 15, de l'autre côté de Rio-Grande, à l'entrée du Serton ou désert. Ce désert est peuplé de sauvages qui font une guerre continuelle à tous ceux qui tentent de construire des habitations sur le bord de la route, pour secourir les troupes et les voyageurs qui passent dans le courant de l'année. Les piétons porteurs de courriers, ne traversent le désert qu'escortés de trois guides au moins, et encore, périssent-ils, en grande partie, sous les coups de flèches des Bougres ; qualification singulière, donnée aux naturels, par les Brésiliens.

Le 16, nous fîmes halte, après cinq lieues de marche, au milieu d'un bois, pendant la nuit, nous entendîmes les hurlements des tigres dont ce bois est rempli ; nous hâtant de quitter ce voisinage peu rassurant, le 17, nous campâmes dans une riante campagne, tout près d'un ruisseau dont l'eau était aussi limpide que le cristal.

Le lendemain, nous parvinmes au Coquoarazigno. Ce sont trois maisons situées sur une hauteur qui domine la campagne, à quatre lieues de l'endroit d'où nous étions partis. Le 19, nous gravîmes la Serre, ou montagne du Coquoara, très escarpée et très dangereuse, surtout pour les animaux. Nous continuâmes notre route jusqu'à ce que nous eussions trouvé un grand ruisseau où nous jugeames convenable de nous arrêter après un parcours de quatre lieues et demie. Le 20, laissant ce ruisseau, nous allâmes transporter nos tentes à Pansa-Vinte, endroit jadis habité, mais aujourd'hui totalement abandonné à cause du voisinage des Bougres qui persécutaient sans cesse les habitants Malgré la pluie qui tomba toute la journée, nous marchâmes néanmoins intrépidement pendant cinq lieues. Nous allâmes, le lendemain, à Barieros, petite localité située au milieu d'un bois, qui longe le bord d'une rivière ; les trois lieues que nous parcourûmes nous fatiguèrent beaucoup, car la route était des plus mauvaises. Pour nous frayer un passage, deux hommes étaient constamment obligés d'ouvrir la marche, en abattant les bambous qui encombraient les chemins. Le 22, nous partîmes pour Nas-Antignas, Fascende où l'on élève beaucoup de bœufs, la population est assez considérable ; nous y avons renouvelé nos vivres et donné du maïs à nos animaux. Les habitants nous dirent qu'ils avaient été très peu tourmentés, cette année, par les sauvages. Nous nous sommes reposés un jour dans cet endroit, éloigné de trois lieues de notre dernière étape

Nous pliâmes nos tentes le 24, pour les porter, au milieu d'un camp, appelé Jatouba, inhabité depuis longtemps ; nous fimes quatre lieues pendant cette journée. Le 25, de Jatouba nous allâmes à Sage, campagne assez agréable, à cinq lieues de Jatouba ; nous eûmes une belle route malgré le sable qui y abonde. Le 26, nous couchâmes à Pareson, en face d'un morne d'une hauteur prodigieuse, nous y séjournâmes. Le 28, nous arrivâmes à dix heures du soir à la Cabesceda de Roy, la route fut très mauvaise, nous eûmes même, dans plusieurs endroits, des marécages à traverser. Les habitants de cette localité sont constamment exposés aux incursions des sauvages ; aussi, leur inquiétude est tellement vive qu'ils ont l'intention, bien arrêtée, d'abandonner leurs demeures et leurs propriétés. Nous parcourûmes six lieues.

Après quatre lieues de marche, nous atteignîmes, le 29, le Sangrador-Grande, malgré des chemins affreux, devenus impraticables par suite de la forte pluie d'orage qui tomba ce jour là. Dans la nuit, les sauvages, espérant incendier la maison dans laquelle nous nous étions retirés, mirent le feu à un bois voisin qui fut consumé en peu d'instants. Le 31, nous allâmes coucher à San'grador-Signe. Cette localité, située sur une hauteur, d'où l'œil découvre une étendue de terrain de trois à quatre lieues, offre un site des plus pittoresques. Les habitants sont rarement inquiétés par les naturels. Agua-Branca est à quatre lieues de Santgrador-Signe, nous nous y rendîmes le 1er Novembre. Le lendemain, nous traversâmes un bois assez épais où se trouve un lieu appelé Mondouana, distant de trois lieues de notre station de la veille. Comme la route avait été mauvaise et que nous avions besoin de repos, nous y demeurâmes deux jours à peu près.

Le 5, nous partîmes pour le lac Vertentes, au milieu d'un camp, et tout proche d'une maison que les habitants avaient été obligés d'abandonner à cause de la férocité des sauvages. Un mois avant notre arrivée. on trouva, près d'un champ de maïs, un malheureux soldat, ne donnant plus aucun signe de vie, il avait été percé de cinquante coups de flèche par les naturels ; notre étape fut de trois lieues et demie ce jour là.

Le 6, nous allâmes camper à Saint-Joas, il plût toute la journée, ce qui rendit la route très mauvaise ; ce ne fut pas sans craintes que nous traversâmes un grand bois peuplé de sauvages, qui attaquent sans cesse les troupes qui le traversent ; s'abritant derrière des arbres d'une grosseur énorme, ils font pleuvoir sur elles une grêle de flèches dont il est impossible d'éviter les atteintes. Mais, soit que les naturels eussent été absents lors de notre passage, soit que notre caravane eût été pour eux un sujet d'inquiétude, toujours est-il, que nous n'éprouvâmes aucun fâcheux accident. D'un autre côté, par exemple, nous manquâmes totalement de vivres, et nous n'eûmes pour seule nourriture, que du maïs bouilli.

Obligés de ralentir notre course, par suite de la perte de quelques-unes de nos bêtes de somme, nous passâmes trois jours à chasser. Nous tuâmes plusieurs perdrix, qui contribuèrent beaucoup à notre soulagement, puisque nous manquions de tout et qu'il nous était impossible de nous procurer le nécessaire dans un lieu aride et désert. Nous préparâmes nos perdrix aux maïs, ce qui nous fit un mets délicieux.

Nous laissâmes, le 9, Saint-Joas, pour nous rendre à Nas Lavrignas, localité assez agréable et située sur une éminence. Quelques jours avant, les Bougres avaient mis le feu à deux ou trois maisons habitées par onze personnes, dont trois voyageurs espagnols entre autres, arrivés le même soir à Nas Lavrignas. Pendant que tout le monde était plongé dans le sommeil, une quantité innombrable de sauvages, armés de leurs arcs et munis de torches enflammées, s'approchèrent des maisons, commirent leur acte de barbarie et se retirèrent ensuite à une certaine distance, espérant qu'à la première sortie des habitants ils pourraient les percer de leurs flèches. Mais, les Espagnols ayant aperçu les premiers l'incendie, ouvrirent les fenêtres et reconnurent leurs ennemis qui se cachaient. Aussitôt, s'emparant de leurs armes, ils firent feu sur eux : deux sauvages restèrent étendus sur la place. Les autres voyant alors tomber leurs camarades et comprenant qu'ils ne pouvaient se défendre, ramassèrent les cadavres, selon leur habitude, et s'enfuirent à toute vitesse en poussant des cris effrayants. Pendant ce temps, les habitations devenaient la proie des flammes, et les malheureux qui y étaient restés, eurent à combattre pendant le reste de la nuit les sauvages qui, après avoir déposé leurs morts à une certaine distance, revinrent sur le théâtre de l'incendie, lançant sans discontinuer leurs flèches, avec une rage et une dextérité incroyables. De leur côté, les habitants aidés des Espagnols, ouvrirent contre eux un feu meurtrier et continuel qui ne cessa qu'à l'approche du jour. Dans ce combat, un seul individu fut blessé au bras droit. On ne pût estimer au juste, la perte des naturels, mais il est probable qu'elle fut très considérable, car les balles des habitants ne durent pas les épargner. De plus, lorsqu'ils se retirèrent, en poussant des hurlements épouvantables, on trouva l'endroit qu'ils venaient de quitter, couvert d'une large mare de sang. Nous demeurâmes un jour à cette étape, afin de faire notre provision d'eau. Le 11, nous dressâmes nos tentes à Estivas, au milieu d'un grand champ, à quatre lieues de Nas-Lavrignas. Bien que cette station offrit du danger à cause du voisinage des sauvages, nous n'en vîmes aucun, il y a tout lieu de penser qu'ils eurent peur de nous. Le 12, nous gagnâmes Capin-Branco, après une marche de six lieues, par une belle route, et sans aucun accident particulier. Nous allâmes coucher, le 13, à la Fascende de Saint-Das Sylve, plantation magnifique, à partir de ce point, on n'a plus à redouter l'approche des sauvages. Aussitôt après notre arrivée, nous tuâmes un veau, et fîmes un dîner des plus copieux. Nous n'avions pris, depuis quelque temps, qu'une si piètre nourriture, que nous étions tous dans un état horrible de maigreur. Pour nous remettre un peu de nos fatigues, nous passâmes un jour entier dans cette Fascende. Nous reçûmes de son propriétaire, l'accueil le plus cordial.

Après ces épisodes de nos escarmouches avec les naturels, nous arrivâmes à Rio-Mienso, le 15, par une pluie battante. Sur le bord de la rivière nous trouvâmes un Ranche où nous nous mîmes à l'abri pendant la nuit. Mais cette nuit fut terrible, nous ne pûmes reposer un seul instant à cause des piqures continuelles d'un Carapate, espèce de vermine à plusieurs pattes qui s'attache à la peau, et y occasionne une démangeaison insupportable. Le matin, à notre réveil, nous avions tout le corps couvert de pustules et de sang, cet insecte, qui nous était totalement inconnu, se tient de préférence dans les arbres. La seconde nuit, nous dressâmes nos tentes en plein air et nous pûmes ainsi dormir plus tranquillement.

Le 17, nous parvînmes non sans peine et malgré une pérégrination de six lieues, faite par une pluie continuelle, au Trombador, la nuit fut très fraiche. Nous quittâmes cette localité le lendemain, afin d'arriver à la Fascende de Saint-Molff, à six lieues de distance Il nous fallût descendre une Serre ou montagne dont le passage était si étroit, que nous fûmes contraints de soulager de leurs fardeaux plusieurs de nos mules, afin d'éviter tout accident, nous y demeurâmes un jour. Fatigués, nous ne pûmes franchir le lendemain que la distance d'une lieue, et encore; campâmes-nous dans un endroit désert. Le 21, nous fîmes de nouveau quatre lieues par une belle route, sans pourtant rencontrer aucune chose remarquable, nous couchâmes le soir au Couchipeau. Le 22, nous fîmes une station à Barbado, situé à un quart de lieue de la capitale de la province de Cuyabac; comme nous ne devions demeurer qu'un jour dans cette ville, nous en profitâmes pour la visiter, et remettre en même temps nos lettres de recommandation. La ville est assez bien bâtie, et les habitants y sont d'une affabilité extrême; leur seule industrie consiste à extraire l'or des mines avoisinantes. Le 24, nous traversâmes la ville, en lui faisant nos adieux, et nous dressâmes plus loin nos tentes au milieu d'un camp; la chaleur fut tellement accablante, que nous ne pûmes faire que deux lieues. Le 25, nous fîmes halte, comme la veille, dans un semblable endroit.

Nous dirigeant, le 26, vers les bords du Caquora, rivière qui donne son nom à une localité de peu d'importance et presque ignorée, nous nous reposâmes, le 27, au Bahu, non loin d'une autre rivière du même nom. Cependant, comme les pluies avaient grossi naturellement le lit de la rivière, nous déchargeâmes nos bêtes de somme de leurs bagages, afin de la leur faire traverser en toute sécurité. Nous prîmes donc nos effets pour les déposer dans les bateaux qui nous transportèrent sur l'autre rive. Le 29, par un chemin magnifique et un soleil brûlant, nous arrivâmes à Fouquios, à quatre lieues du Bahu, nous eûmes encore deux rivières à passer.

Le 30, nos mules refusèrent d'avancer, nous fûmes forcés de demeurer un jour dans un camp isolé et inconnu dans ces parages. Nous fîmes de nouveau, le 2 Décembre, une halte d'un jour sur les bords de Cuyaba, rivière très large et très profonde que nous passâmes en bateau, cette rivière est très poissonneuse; aussi mangeâmes-nous, ce jour-là, d'excellent poisson. Le 4, après un parcours de deux lieues qui n'offrit rien de spécial, nous nous arrêtâmes à Riburon-de-Nove, nous y couchâmes forcément, et suivant notre coutume, en plein air.

Nous partîmes le 5 pour la Fascende de Paraputanyas. la route fut pénible, aussi bien pour nous que pour nos animaux. Nous traversâmes le bourg de Tombador, qui tire son nom d'une rivière qui se précipite en cascades, du sommet d'un morne, à quatorze ou quinze pieds de hauteur. L'eau y fait un bruit si formidable, dans sa chute, que les voyageurs sont obligés d'éviter ce passage, en s'en éloignant de dix brasses au moins. Notre parcours, ce jour là fut de quatre lieues.

Nous atteignîmes enfin, le 6, la Diamantine, lieu de notre destination !... La longueur du chemin, les obstacles, les attaques des indigènes que nous avions eu à supporter, les fatigues innombrables que nous avions endurées, ne nous donnaient plus l'espoir du succès. Nous étions découragés moralement, abattus physiquement, c'est tout dire ; il était enfin arrivé ce jour tant souhaité, à quel prix l'avions nous connu, et de quelles nouvelles tribulations allions nous être de nouveau les victimes !— Comme la description de la ville de la Diamantine a été déjà faite au commencement de ce voyage, je prie le lecteur de vouloir bien s'y reporter.

CHAPITRE III.

Retour de La Diamantine. — Voyage à la rivière de Saint-Anne.

Dès que mon arrivée à la Diamantine eût été connue des habitants, les Dames de la ville s'empressèrent de me rendre visite. Il en fut de même des personnes les plus notables qui mirent leurs bons offices à mon entière disposition. Toutes étaient surprises de voir que, si jeune encore, j'avais pu résister à la fatigue d'un aussi long voyage. — Le lendemain, je reçus en cadeau des confitures et des liqueurs; enfin, je fus tellement assaillie de visites, et j'eus à répondre à tant de questions, que pendant huit jours je pus à peine prendre quelques moments de repos.

Mon mari loua une maison située entre la rivière d'Or et la Diamantine. Qu'on se figure l'intérieur de ces habitations lorsqu'elles restent seulement inhabitées pendant quelques jours!... La notre était remplie de serpents, de scorpions, et surtout de grands vers, appelés mille pattes. Ajoutez à ces inconvénients, des moucherons, des moustiques et une foule d'autres insectes qui ne nous laissèrent aucun repos. Nous ne pûmes nous en débarrasser qu'en fumant tous nos appartements. A peine installés dans cette maison, les habitants s'empressèrent de nous apporter des chaises, des bancs, des tables en bambou, des paniers et divers autres ustensiles de ménage. Cependant, malgré toutes ces prévenances, nous ne pûmes y rester que quinze jours. Nous nous remimes donc en route, dans les premiers jours de janvier 1844, pour gagner la rivière Sainte-Anne, éloignée de huit lieues de la Diamantine. Nous passâmes par Couritisa, où il se trouve beaucoup de diamants; Saint-Pétre, autre bourgade, en fournit également un bon nombre.

Arrivés à Saint-Anne, nous ne trouvâmes pour nous loger, qu'une maison en ruines, habitée par une mulâtresse et une négresse, mon mari fut obligé de la réparer; il y joignit un petit jardin dans lequel nous semâmes les graines potagères que nous avions apportées. Nous construisîmes aussi quelques appentis pour y loger notre monde, ainsi que les animaux, bientôt cette résidence devint le siège de notre société.

Dès lors, mon mari et ses associés se mirent à visiter la rivière Saint-Anne, d'où l'on avait déjà extrait des diamants, ce qui leur fut facile de constater par les cavités profondes qu'ils aperçurent.

Il est bon de dire que cette pêche est extrêmement dangereuse, vu la longueur du temps qu'il faut passer sous l'eau. J'ai lieu de croire qu'il serait beaucoup plus avantageux de recueillir les diamants en sondant et minant la terre, plutôt que de s'exposer à plonger dans l'eau, au risque de perdre la vie. Dans tous les cas l'une et l'autre de ces deux méthodes sont toujours périlleuses ! Les plongeurs ne résistent guère à ce genre d'industrie; si l'appât du gain entretient leur existence. souvent aussi le paient-ils bien cher. Plusieurs deviennent perclus de leurs membres; d'autres sont atteints de fièvre que la science n'est pas encore parvenue à guérir; d'autres, enfin, périssent misérablement. On prétend pourtant que si les travailleurs s'enduisaient le corps d'huile pendant le travail pénible de la pêche, ils pourraient combattre la fraîcheur qui paralyse leurs membres. Le meilleur procédé pour l'extraction, serait, je pense par le moyen des puisards et galeries. Les bois étant nombreux dans cette contrée, on pourrait étançonner les diamants qui sont aussi abondants au sein de la terre que dans le lit des rivières. On peut réussir du premier coup, si l'on rencontre une bonne mine, comme aussi l'on peut travailler en pure perte, mais au moins, vous avez l'avantage, si vous ne trouvez pas de suite des diamants, de découvrir des veines métalliques d'or et quelquefois des lingots assez gros, pour vous indemniser entièrement de vos peines. Là encore, les exhalaisons sulfureuses qui sortent de ces excavations et que vous respirez, vous conduisent promptement au tombeau.

Les hangards que nous avions établis autour de notre maison, étant en paille de cocotier, et ne nous mettant point à l'abri de la pluie, nous devînmes tous malades. Je fus moi-même atteinte d'une fièvre maligne qui me rendit presque folle. L'état de faiblesse dans lequel je me trouvais, ne me permettait pas seulement de me tenir debout. Un jour, mon mari tua un Agre, espèce de veau qui porte une trompe comme l'éléphant, c'est à cette chasse qu'un violent accès de fièvre le saisit ; ne pouvant rapporter lui-même cet animal, il chargea quelqu'un de ce soin et revint bientôt pour se mettre au lit. — Un de nos associés, M. Lalaine, succomba à la fièvre, trois jours après il fut inhumé, dans le bois voisin, par nos gens qui nous laissèrent ignorer cette circonstance pour ne pas effrayer mon mari qu'on avait placé dans une chambre séparée de la mienne. Vu le peu d'espace que nous avions, nous reçumes le conseil de partir, on nous transporta en conséquence au Bourilisa, pour recevoir les secours que nécessitait notre malheureuse position. Nous fîmes le trajet dans un palanquin, espèce de brancard, porté sur les épaules, et qui nous fut envoyé par les bons habitants de la localité.

M. Blanc, l'un des associés, qui nous accompagnait fut tellement accablé par la fièvre qu'il pouvait à peine se tenir à cheval, il mourut au mois de mars suivant, au Bourilisa, petite bourgade située sur les bords de la rivière Sainte-Anne. Hélas! mon mari succomba, lui aussi, au terrible fléau, le 28 avril 1844!.. En nous transportant dans cette bourgade l'on avait pensé que l'air pur qu'on y respirait nous serait salutaire. Cruelle déception; j'étais là, dans la même maison que mon mari, souffrant horriblement comme lui, séparé de lui, et sans pouvoir lui porter aucun secours!... Dès que je fus convalescente, on me reconduisit à la Diamantine. J'ignorais alors le coup fatal qui venait de me frapper.

Je fus placée chez un capitaine espagnol, castillan d'origine, dont les soins assidus me ramenèrent peu à peu à la vie. Ce fut là que la mort de mon mari me fut annoncée!.... A cette triste et poignante nouvelle je retombai dans un état tout-à-fait désespéré. Dans quelle affreuse position me trouvai-je tout à coup plongée; seule, sans secours, sans appui, sans famille! .. J'envisageai alors toute la plénitude de mon malheur; cinq mois s'écoulèrent sans que je pusse me rétablir. Enfin, les grands soins dont on m'entoura, les visites nombreuses et consolantes que me firent les Dames de La Diamantine, adoucirent peu à peu mes douleurs; douleurs que je suis loin de décrire dans cette triste narration de mes infortunes!... La santé me revint enfin, et je partis pour Coulaba, sous la conduite d'un Réador, ou nègre conducteur. Nous fîmes

jusqu'à trente-trois lieues en trois jours ; j'étais tellement fatiguée, à la fin du troisième, que mon conducteur se vit forcé de me déposer dans une Eglise, faute
de me trouver un local plus convenable. Cette Eglise
qui affectait la forme oblongue, avait une large nef,
au fond de laquelle brillait une lampe funèbre dont la
lueur vacillante et fumeuse, ajoutait à mes terreurs
sans cesse renaissantes, et montrait à ma faible imagination des visions et de fantastiques apparitions.

A mon départ de la Diamantine, j'avais laissé,
chez un nègre, nommé Joseph Paya, tous mes bagages, mes bêtes de somme et les effets dont je ne
pouvais me débarrasser. Mes faibles ressources pécuniaires ne me permettaient pas de composer une
nouvelle troupe, car dans ces contrées lointaines où
la fièvre décime la plupart des étrangers, l'une des
conditions essentielles pour réussir et gagner quelqu'argent est de jouir d'une excellente santé, sans
cela vos fonds se dépensent en achat de remèdes. —
Je me vis donc forcée de retourner dans la province
de Couyaba ; de là, je devais me rendre à Rio-Janeiro.
Chacun alors songea à s'opposer à mon départ, et
à m'épouvanter de toutes les manières, les uns me
disaient que je serais enlevée par les sauvages ; d'autres ajoutaient que je pouvais être assassinée par
ceux-là même qui me conduiraient. Il est impossible
enfin, d'énumérer les craintes qu'on me suggéra.

Je partis néanmoins. — Un jour, le Réador, mon conducteur, étant entré dans un bois, avec son fusil, je crus un instant qu'il allait charger son arme pour me tuer et me jeter ensuite dans quelque précipice. — Je pressai en conséquence le pas des mules sur lesquelles étaient placées mes malles. Mais, bientôt je le vis accourir vers moi, portant avec lui un monyar, espèce de citron, qu'il me donna. Qu'on ne me blâme pas de ma peur, car, me trouvant seule avec ce conducteur, j'étais perdue s'il eût eu de mauvaises intentions! Aussi m'étais-je résignée à mon sort et n'avais-je de véritable espoir que dans la Providence. Je dois le dire, cependant, durant le long voyage que nous fîmes ensemble (nous parcourions dix lieues chaque jour) je n'ai eu qu'à me louer de la conduite de cet homme. — Après avoir traversé trois fois la grande rivière du Paraguay, nous arrivâmes à Couyaba. Je demeurai dix-huit mois, environ, dans cet endroit, le major Chavier, portugais de naissance, l'un des grands du pays, auquel mon mari et moi avions été recommandés, m'offrit un asile chez lui; j'y restai pendant six mois et les plus grands soins me furent prodigués. Ce temps expiré, je louai une petite maison et me livrai aux travaux de la couture, j'appris à faire des chapeaux et à empailler, je pourvoyais par ce travail à mon entretien et j'indemnisais en même temps l'épouse de M. Chavier, des nombreuses bontés qu'elle avait pour moi.

C'est dans cette ville que je rencontrai M. le Comte de Castelnau, envoyé extraordinaire de S. M. Louis-Philippe, à la cour du Brésil, chargé d'une mission spéciale et scientifique. Il était accompagné d'un Vicomte, d'un docteur et d'un empailleur. Qu'elle fut leur surprise de rencontrer une Dame française dans ces parages ; je leur cédai plusieurs oiseaux empaillés dont ils furent très satisfaits. Touchés de mes malheurs, ils eurent l'obligeance de m'offrir de retourner avec eux. Je les en remerciai avec reconnaissance : Ils partirent pour Mœrie, où je les rencontrai plus tard ; j'eus encore l'occasion de les revoir dans plusieurs autres endroits, et de leur témoigner ma gratitude pour leurs soins et leurs offres bienveillantes.

Si je restai aussi longtemps à Couyaba, c'est que j'espérais savoir si mes bagages avaient été vendus, et dans le cas contraire, trouver quelques personnes pour gagner l'endroit où je les avais laissés. J'avais fait la connaissance de M. le Président, il m'avait accordé sa protection, j'obtins aussi celle de l'Évêque par la même occasion. Un jour, le Président me demanda si je voulais partir avec le major Polipair qui, né d'une mère française, quoique brésilien de naissance et de très bonne famille, était envoyé à Rio-Janeiro en qualité d'Ingénieur pour ouvrir une route. J'acceptai avec joie, tout était prêt pour notre départ, lorsque le major Polipair tomba malade, atteint d'une fluxion de poitrine ; ce contre-temps dérangea mes projets jusqu'au jour où je pus adopter une autre manière de partir. Je fis plus tard des arrangements avec M. Jouquedaco, commissionnaire, pour me rendre au Para, malgré l'avis du Président qui m'observa que le climat était tout-à-fait insalubre, que la navigation était des plus pénibles à cause des cascades que l'on rencontrait à chaque instant, que les rivières nombreuses et les accidents de terrain offraient également des obstacles difficiles à surmonter. Bref, il fit tous ses efforts pour m'empêcher de me mettre en route ; il alla même jusqu'à refuser de me viser mon passeport. Mais, comme cette voie était la plus courte pour moi, et bien que le pays fut sauvage et le parcours très dangereux, j'insistai tellement, que j'eus bientôt le plaisir d'obtenir son adhésion.

Je partis donc en compagnie de deux cents nègres pour revoir une deuxième fois la Diamantine, et arriver au port des Arrines, situé à sept lieues de là. L'endroit est très mal sain, nous nous embarquâmes le troisième jour, et allâmes coucher dans un bois ; à peine étais-je endormie que j'entendis les hurlements d'un tigre, ce qui me causa une frayeur impossible à décrire. Comme par crainte et répugnance, je m'étais éloignée de la troupe des nègres pour reposer tranquillement, je jugeai prudent, de l'avis du chef, de m'entourer de quelques gardes et de leur laisser allumer un grand feu. La lueur de la flamme empêcha, en effet, le tigre de nous incommoder davantage.

Pendant toute notre pérégrination sur la rivière des Arrines, nous fûmes cruellement tourmentés par les moustiques, les maroingoins, les bourachandes et mille autres insectes qui nous sucèrent le sang, et réduisirent notre corps à l'état de squelette. Il fallait, en mangeant, tenir sa fourchette d'une main et de l'autre, chasser les insectes avec un éventail de plumes d'oiseaux. — Nous quittâmes cette rivière pour suivre le cours d'une autre qui nous conduisit aux cascades.

La première cascade que nous eûmes à franchir fut celle des Deux-Jumeaux, elle est très dangereuse; il faut arriver, juste à force de rames, entre les deux rochers qui la bordent, si on veut éviter un accident; la deuxième fut le Saltauguste, que l'on ne peut traverser qu'en canot. L'arrivage au port est très périlleux à cause du courant qui vous entraîne, l'on risque fort de se briser sur les rochers et de périr si les plus grandes précautions ne sont pas observées; après-avoir pris nos bagages nous fûmes obligés de les porter nous mêmes, de hâler nos canots à terre et de les traîner à notre suite. Nous nous dirigeâmes vers le port voisin, mais, chemin faisant nous tombâmes dans une tribu d'indiens, appelée la nation Géroine ; c'est là que je vis le plus bel aigle que j'aie jamais rencontré, ainsi qu'un canot formé d'une seule écaille de tortue, et dans lequel quatre personnes naviguaient sur le fleuve. Je remarquai aussi, à l'entrée des cases une allée de cocotiers dont l'alignement, la régularité et la symétrie ne laissent rien à désirer, et auprès de laquelle ne pourraient se comparer les plus belles plantations de l'Europe. Les naturels furent bien surpris de notre arrivée, et contre notre attente, ils s'empressèrent de nous être utiles autant qu'ils le purent, nous y passâmes la nuit.

Nous prîmes des cordes pour passer la cascade de Salle-le-Grande, et nous rencontrâmes une autre tribu d'indiens très curieuse à observer ; je ne sais s'ils connaissent les blancs, mais ce qu'il y a de certain, c'est qu'ils voulaient me visiter entièrement. — Il est impossible de franchir cette cascade, dont le bruit de la chûte s'entend à plus d'une lieue à la ronde ; on aperçoit de loin l'épais brouillard que fait l'eau en se précipitant avec fracas, ce fut la plus mauvaise de notre voyage. Nous fûmes obligés de mettre nos marchandises à terre et de hisser nos canots au-dessus de la cascade pour arriver à un nouveau port.

Le cours de ces rivières est bordé de montagnes et de bois ; les malheureuses tribus indiennes qui les habitent, sont d'autant plus à plaindre, qu'elles ne vivent que de poissons, de légumes et de racines ; elles n'ont aucune notion de la civilisation et rien ne les séduit ni ne les captive ; quand à la religion, ces sauvages n'en connaissent aucune, ils passent leurs temps à apprivoiser des oiseaux qu'ils parent de différents plumages, leurs oiseaux sont tellement privés et familiers, qu'ils partent le matin et reviennent le soir à leur habitation. — Ces indiens sont tous dans un état complet de nudité primitive.

Pour rejoindre l'autre port, nous fûmes obligés de traverser des terrains fangeux et marécageux, couverts de roseaux et de bambous ; nous avions parfois de la boue jusqu'aux genoux, j'étais contrainte alors de relever ma robe et de marcher nu-pieds, au risque de m'occasionner quelques blessures, et craignant à chaque instant de rencontrer un serpent ou tout autre reptile vénimeux.

Arrivés au port, nous prîmes le Canal d'Enfer, cours de rivière qui va se jeter dans celle des Amazones. Force nous fut encore de descendre nos marchandises à terre, et de transporter nos canots de l'autre côté de la cascade. Nous en trouvâmes ensuite deux autres qui ne présentèrent pas d'aussi grands dangers, puis nous passâmes à force de rames, et non sans quelques difficultés, la cascade nommée Sainte-Aburse. — Celle de Sainte-Elise, sans être trop périlleuse, nécessite néanmoins beaucoup d'adresse pour la franchir, car, lorsque les courants sont forts, si le pilote dévie tant soit peu de sa route, le canot va donner sur un rocher et se brise infailliblement.

La cascade de Saint-Simon présente également de grands dangers, sa chûte d'eau est de six pieds; auprès de ces cascades existent des trous très profonds, semblables à des gouffres, les eaux y forment des tourbillons qui engloutissent les canots et ceux qui les dirigent. Aussi, est-on obligé dans les grandes crues d'eau de les hâler à terre et de les transporter à bras. — Ces localités désertes resteront longtemps dans l'isolement, car jusqu'à présent nulle voie n'a été encore tracée pour les parcourir. Tantôt ce sont des déserts sablonneux, tantôt des montagnes arides ou couvertes de bois épais, et souvent des torrents qui forment des rivières; de plus vous êtes exposé à tomber entre les mains de peuplades antropophages qui peuvent vous dévorer sans pitié, et enfin, vous avez à redouter la rencontre des tigres, des lions, des panthères, du terrible Boa ou d'autres animaux sauvages dont le pays est infesté. — Oui, bien des siècles s'écouleront encore avant que ces peuples aient goûté les douceurs de la civilisation. Berçons-nous cependant du consolant espoir que le soleil de la foi après avoir éclairé notre vieille Europe, ira aussi répandre sur eux sa fécondante lumière. — N'est-ce pas le sort réservé à toutes les nations, et à un moment donné, ne sont-elles pas toutes appelées à jouir des bienfaits du christianisme et de la civilisation!

En vue de la cascade de Saint-Simon, j'y courus le plus grand danger de ma vie; une dame nommée Lamazone, m'avait priée, quand je passerais à cet endroit, d'aller visiter le tombeau de son mari, décédé depuis un an (ces personnes avaient voulu, jadis, entreprendre de civiliser les sauvages); je le lui avais promis; je me mis donc à la recherche de cette sépulture, et, accompagnée de naturels, tous antropophages, je marchai résolument avec eux, sans prévenir mes gens de mon absence; après avoir parcouru en tous sens les collines et les bois, je ne trouvai point l'objet de mes investigations. Les sauvages, dont j'ignorais le langage, me faisaient comprendre par signes, qu'il fallait aller plus loin, j'allais, je revenais et faisais toutes les recherches possibles, mais toujours sans succès. Nous marchions à l'aventure depuis le matin, et nous nous éloignions de plus en plus de notre campement, cependant les naturels m'engagaient toujours à pénétrer plus avant dans le pays, il était alors quatre heures du soir environ; voyant que cette excursion était sans résultats, je songeai décidément au retour, malgré l'insistance de mon escorte à me faire aller plus loin. Bien m'en prit, comme je l'ai appris depuis, car les sauvages cherchaient à m'entraîner dans leur affreux repaire pour me tuer et me manger ensuite.

Dans la nuit mes gens ayant remarqué mon absence, se mirent en route, les uns d'un côté les autres d'un autre, et parvinrent enfin à me retrouver. — Ce qui me confirma dans cette pensée que les naturels avaient de mauvaises intentions à mon égard, c'est qu'à l'approche des personnes de ma suite, ils s'enfuirent tous précipitamment, dans la crainte sans doute qu'on eut connaissance de leurs sinistres desseins. — Mes gens m'adressèrent de sévères remontrances au sujet de mon imprudence en me dépeignant le sort qui aurait pu m'être réservé. Ces craintes et ces dangers, je les compris alors; j'en frémis encore d'épouvante. — Malgré les précipices et les chemins affreux que nous avions à parcourir pour retourner à la cataracte de Saint-Simon, nous nous armâmes de courage et y arrivâmes pendant la nuit. Tout le monde était dans la plus grande inquiétude à mon sujet, aussi avait-on allumé des feux de tous côtés pour nous indiquer les chemins et nous faire connaître le lieu de notre campement. — Dès que je me vis hors de péril et au milieu de notre troupe, je me mis à réfléchir aux dangers auxquels mon inconséquence et mon inexpérience m'avaient exposée, et, alors je l'avoue, j'eus peur; la fièvre s'empara de moi, je ne pus prendre aucune nourriture, et lorsque

je voulus goûter le repos dont j'avais grandement be
soin, mille images effrayantes vinrent troubler mon
sommeil. Cette nuit fut l'une des plus mauvaises que
je passai dans ces tristes et désertes solitudes.

Le lendemain, ayant remis à l'eau nos trois canots,
nous nous laissâmes aller au gré du courant jusqu'à
la cascade appelée Sainte-Gabrielle. Là, de nouveaux
malheurs nous étaient réservés! — Le canot que je
montais avec une soixantaine de nègres, vint à toucher sur un récif et s'entr'ouvrit; nos noirs, très bons
nageurs, se tirèrent parfaitement d'affaire, quant à
moi, je fus sauvée par quatre d'entre eux, qui ou-
bliant leurs propres dangers, coururent à mon secours,
me saisirent par ma robe et me déposèrent sur un
rocher, où ils me prodiguèrent leurs soins jusqu'à
l'arrivée de nos gens; nous restâmes pendant quatre
heures dans cette situation critique, après avoir perdu
tous nos vivres. Cependant nous parvînmes à retirer
de l'eau notre canot brisé, et nous le portâmes dans
une petite île pour le radouber, cet accident nous y
fit séjourner plus de quinze jours, nous partîmes enfin un soir, après avoir allumé des bois résineux pour
nous éclairer jusqu'au lieu de l'embarcation; deux
jours après nous traversions le camp des Piarourac-
quoi, peuplade guerrière et dangereuse; cependant je
n'eus qu'à me louer de l'obligeance des femmes de
cette tribu.

CHAPITRE IV.

Suite du voyage des Cascades à travers le désert et les tribus sauvages
de l'intérieur du Brésil.

Nous arrivâmes bientôt à la cascade de Mareigne-
en-grand et Mareigne-en-petit, deux passages assez
dangereux; nous ne fûmes point obligés néanmoins
de hisser nos canots à terre. Nous vîmes dans ces
parages une quantité considérable de singes qui nous
procurèrent le plaisir de les voir franchir un détroit.
Ils se tiennent par la main, et à un signal de leur chef
ils sautent tous sur l'autre bord, en s'attirant les
uns les autres comme une bande d'oiseaux. Ils allai-
tent leurs petits comme les femmes; aussi quand ils
sont surpris, la femelle lance son enfant au mâle, comme
une pelotte, celui-ci le reçoit sur une branche, puis
laissant à la guenon le temps de sauter plus loin, il
lui jette à son tour le petit singe, et ainsi de suite,
jusqu'à ce qu'ils l'aient mis en lieu de sûreté. — On
rencontre également dans cette contrée beaucoup de
tigres, de lions, de léopards, et plus particulièrement
des andes, espèce de veau, muni d'une trompe comme
l'éléphant. — Nous avions, à notre départ quatre
chiens que nous ne pûmes garder qu'un mois, car
ils s'enfonçaient à chaque instant dans l'épaisseur

des bois, et un jour ils ne reparûrent plus. Le dernier qui nous resta, pourtant, s'est perdu à la cascade d'Enfer, il est probable qu'il aura été dévoré par les bêtes sauvages. Rien ne cause autant de peur aux naturels que les chiens et les armes à feu ; ces deux moyens de défense suffisent pour les mettre en fuite. Nous arrivâmes à la cascade de Loupouny qui n'offre rien de remarquable, il en est ainsi de plusieurs autres que nous traversâmes. Elles se jettent toutes dans la rivière de Sommidor, qui est à sec pendant un certain temps de l'année ; une autre déviation de cette rivière se perd dans le Tetentin. — Ce fut vers huit heures du matin que j'appris enfin que nous avions franchi toutes les cascades, et à midi, nous arrivions au port de Bon-Jardine, à une demi-lieue de la petite ville de Taillidoules, toute la troupe débarqua et l'on transporta à terre nos marchandises. — Une chose qui me surprit extraordinairement, à mon arrivée, ce fut de voir les habitants lancer en l'air une grande quantité de fusées. J'en demandai le motif à M. Blin, négociant, auquel j'avais été recommandée et qui m'accompagnait ; il me répondit que c'était pour fêter ma qualité d'étrangère que le peuple agissait ainsi, et que cette manifestation était un signe de réjouissance ; il ajouta qu'il regrettait de n'avoir pas avec lui son fusil, parce qu'il en eût tiré quelques coups. Pour témoigner notre sympathie aux habitants, et pour leur prouver que leur politesse nous était fort sensible, nous demeurâmes huit jours dans ce cordial et démonstratif pays. M. Bertin nous avait mis de côté un très beau porc qu'il se proposait de nous donner, lorsqu'un jour nous entendîmes les cris de cet animal sur le bord de la rivière, nous ne tardâmes pas à apprendre qu'un énorme caïman s'était élancé sur lui et l'entraînait vers la rivière. Nos gens coururent aussitôt au secours du porc que lacha le caïman, à leur approche, non pourtant sans l'avoir étranglé. Nous le saignâmes aussitôt et l'employâmes à notre nourriture.

Dans cet intervalle, les noirs formèrent le complot de tuer les blancs : je résolus, après en avoir référé à M. Blin, de quitter à l'instant cet endroit. Celui-ci me conseilla de rester, mais craignant à chaque instant d'être massacrée, et mettant de côté tous les prétextes qui m'étaient allégués, je payai mon voyage et m'entendis avec sept habitants pour me rendre à Saint-Allin, résidence de l'agent consulaire français, M. Gousin. Nous partîmes vers les quatre heures du soir ; au moment d'arriver, il s'éleva une tempête si violente que notre barque fut jetée à la côte ; nous ne pûmes repartir pour Saint-Allin que quinze jours après et par un temps horrible. Nous gagnâmes ensuite Rionegro ; ma première visite fut pour un capitaine anglais, auquel j'avais été adressée, je rencontrai dans cette ville deux français : un boulanger, nommé M. Siroteau et M. Bouzin, agent consulaire ; ce dernier me loua une maison et déploya à mon égard, ainsi que son épouse, tous les soins possibles. J'attendis à Rionegro qu'un navire fut en partance pour Petra, j'eus l'occasion dans cette circonstance de revoir le fils du général Nina, qui avait fait avec moi la traversée du Havre au Brésil. — Ce fut dans cette ville qu'on me vola une somme de 10,000 fr. contenus dans un portefeuille, ainsi qu'un rubis d'une rare beauté, estimé 6,000 fr. et dont j'avais refusé la vente. On pénétra chez moi pendant mon absence et l'on força mes malles. M'étant aperçue de cette effraction ; je me rendis chez le Consul pour lui faire ma déclaration, car cette perte était cruelle pour moi ; il m'assura que les poursuites et diligences qu'il allait exercer pour connaître l'auteur du vol, améneraient probablement la restitution des objets qui m'avaient été volés. J'attendis longtemps, mais bien inutilement. Craignant alors de me voir privée de toutes mes ressources, je jugeai prudent de m'embarquer à bord d'un navire pour traverser la rivière des Amazones, et de là, gagner le premier comptoir brésilien qui se trouverait sur la côte. Cette rivière, la plus longue et la plus large du monde, offre à la navigation des dangers imminents, ce fut l'espagnol Orenalla qui lui donna ce nom, en

1539, en mémoire des combats qui y furent livrés par les femmes des naturels du pays. — Indépendamment des rochers à fleur d'eau qu'on y rencontre, il existe également d'énormes bancs de sable sur lesquels on échoue, ainsi que des îles flottantes, débris errants du sol, charriés par le courant. Ces îles sont garnies d'arbres et peuplées d'une multitude de singes; la rivière entraîne aussi avec elle de gros arbres déracinés qui sont autant d'écueils à éviter et qui causent tous les jours la perte d'un grand nombre de bateaux. — Nous passâmes par Marajeo, endroit réputé dangereux par ses rochers et ses récifs. Nous vîmes de très jolis canaux qui se jettent dans les Amazones, leurs bords sont inhabités, on trouve dans ces parages un gros fruit nommé Taïb, que l'on presse pour en extraire le jus, et qui fournit une liqueur vineuse, très bonne à boire; on le mange également avec la farine de maïs.

A quarante lieues du Para, nous donnâmes sur un rocher, notre grand mât fut brisé et le navire échoua. Comme il eût fallu rester trop longtemps dans cette situation, je profitai d'un canot de passage pour arriver plustôt à ma destination; ce bateau était monté par des Tapouilles, habitants de ces rivages. — A cinq heures du soir nous arrivâmes au Para où demeurait M. Chaton, consul français, chez lequel je me fis conduire et qui me reçut avec l'accueil le

plus cordial.—Je demeurai sept mois dans cette ville
j'employai mon temps à empailler des oiseaux et à
confectionner des chapeaux. Comptant que je rece-
vrais quelques nouvelles satisfaisantes au sujet du
vol de mes 10,000 fr., j'établis un petit magasin de
modes, mais, malgré mes lettres très pressantes, je
ne reçus aucune nouvelle satisfaisante. Je me décidai
alors à prendre passage sur le bateau à vapeur *l'Im-
pératrice du Brésil*, pour me rendre à Fernambouc,
passant par Maraignant, La Seiera et La Prohibe,
petits endroits où relâche le vapeur.

Maraignant est une fort jolie petite ville, située sur
la rive gauche du fleuve Leitterage, fleuve qui sur-
passe en beauté celui qui baigne la ville de Bordeaux.
On y fait un commerce considérable avec l'intérieur.
— La Seiera est également un joli pays, il y quatre
ans le peuple mourrait presque de faim, mais aujour-
d'hui la culture y est très pratiquée. — La Brèche
est un petit port assez commerçant et très fréquenté.
De cet endroit, nous parvînmes à Fernambouc, où je
séjournai pendant trois ans. J'y travaillai activement et
j'y fis d'assez bonnes affaires, ayant obtenu bientôt la
confiance de tout le monde. Le pays est pittoresque
et très bien cultivé, il fournit en abondance du café,
du riz, du sucre et du coton ; la ville, l'une des plus
grandes du Brésil, est bien bâtie ; les rues pavées en
dalles, sont longues, larges et bordées de magnifi-

ques trottoirs ; la rade est sûre et majestueuse, le port est vaste et peut contenir plus de 600 navires. Cette ville est divisée en quatre parties : le Recief, canal qui la sépare forme une île ; le quartier Saint-Antoine, le pont Dabourif et la villa d'Oligno, quartier occupé par les étudiants et la garnison. Au bout de trois ans, en 1849, la révolution éclata à Machalle, Bonnin et Péderive ; et dura plus de huit mois. — Elle eut lieu à cette même époque, (2 février), à Fernambouc, et fit un tort immense au commerce. — Sur ces entrefaites, j'allai habiter la campagne, au pont de Manquine, sur le chemin appelé Porte-de-chaux, à trois quarts de lieues de la ville. J'y restai six mois, et au bout de ce temps, je retournai à Fernambouc pour voir si les affaires allaient mieux. Mais la crise commerciale ayant fait perdre la confiance, je résolus de céder mon fonds de magasin.

Je m'embarquai ensuite sur l'*Emperador*, batiment à vapeur, en partance pour Baya, passant par Marseillo et quelques autres petits endroits dont j'ignore les noms.

Marseillo est un village très commerçant, situé sur le bord de la mer.

Nous arrivâmes à Baya, cité très commerçante et maritime, cette ville, beaucoup plus grande que Fernambouc, est séparée en deux parties : la ville haute et la ville basse ; la deuxième partie située au bord de la mer, a des quais très étendus qui pourtant sont loin d'égaler ceux de la localité que je venais de quitter. C'est là que se trouvent tous les comptoirs, les magasins, la classe marchande et le pauvre peuple. La cité est mal percée ; les rues sont étroites et sales ; les maisons généralement mal bâties possèdent de deux à quatre étages. La baie est magnifique. — La ville haute, construite dans le genre moderne est fort pittoresque ; elle est assise sur la montagne de la Conception, on y arrive par une belle rue située en face du théâtre. — A une demi lieue, et sur la route, se trouve le café ou bazar des étrangers. Plusieurs petites villas ou maisons de campagne couronnent les hauteurs et servent de résidence aux étrangers de toute sorte, notamment aux anglais. On y voit plusieurs Eglises, couvents ou hôpitaux, très bien construits. Baya possède aussi un bagne pour les malfaiteurs, chaque jour ces malheureux, conduits par leurs gardiens, circulent en ville pour vendre leurs petits produits, consistant en chapelets, bagues ou autres objets. — La population est de 60,000 habitants dont les deux tiers sont gens de couleur

Pendant plus de six mois j'eus à souffrir de la fièvre jaune, ce qui m'empêcha de me livrer à aucun genre d'industrie, à peine rétablie, je fus atteinte du choléra ; ce terrible fléau causa les plus grands ravages parmi la population et une grande partie des Européens résidents y succombèrent.

. . . .

Après tant de peines, de traverses et de malheurs je songeai enfin à revoir mon pays natal. Je résolus auparavant de mettre en ordre mes affaires, et, à ce sujet, je remis mes pouvoirs entre les mains des autorités locales. Ces formalités remplies, je m'embarquai pour la France, à la destination du Havre, le 22 juin 1852, sur le navire *Léoni*.

J'arrivai au Hâvre-de-Grâce le 14 août, et y demeurai 15 jours, par suite de mon état de maladie. Je m'embarquai de nouveau sur le navire *Lélie* faisant route pour Bordeaux, et je débarquai à Blaye, où je pris la voiture pour me rendre au sein de ma famille.

— Hélas! j'arrivai trop tard à Saint-Jean-d'Angely, et n'y retrouvai plus que ma pauvre mère, mon frère et ma sœur. J'avais perdu depuis mon départ, mon bien aimé père, un frère et une autre sœur!!!... Leur sort fut de mourir entourés des soins touchants de leur famille; des mains amies avaient pressé la leur, à cet instant suprême; et moi, je n'avais pas même eu la sainte consolation de leur fermer les yeux! — Après quinze ans d'absence, de souffrances et de douleurs, je retrouvai le deuil sous le toit de ma vieille mère; si les êtres chéris que je n'ai plus revus peuvent m'entendre, du fond de leur tombe où je viens souvent prier, qu'ils me pardonnent ; car moi aussi j'ai bien souffert dans mes lointains voyages.

FIN.

Je crois devoir ajouter, à la suite de ces relations de voyage la lettre que m'écrivit Monsieur le Comte de Castelnau, consul de France, à Bahia, le 21 mars 1835.

Bahia, le 21 Mars 1853.

« MADAME.

» J'ai reçu la lettre que vous m'avez fait l'honneur de m'adresser le 3 décembre dernier, Monsieur votre époux n'étant pas mort dans mon arrondissement Consulaire, je ne puis vous envoyer d'acte mortuaire, mais, je puis déclarer qu'il était, lors de mon passage à Diamantino de Matto Grosso, de notoriété publique, que la mort avait eu lieu peu de temps avant. Tout le monde, dans cette ville éloignée, admirait le courage que vous aviez montré dans des circonstances telles, que beaucoup de femmes se fussent livrées au désespoir. Seule, sans ressources, vous avez descendu le Rio Arinos, qui n'a encore été exploré par aucun voyageur ; vous l'avez fait en affrontant le danger des tribus sauvages, d'un climat meurtrier et d'animaux féroces.

» Lorsque plus tard, je vous rencontrai au Para, je ne pouvais croire que vous eussiez échappé à tant de périls et supporté tant de fatigues.

» Si je puis, ici, vous servir à quelque chose, veuillez me le faire savoir, et croyez, Madame, à mes sentiments dévoués. »

Signé : Cte DE CASTELNAU.
Consul de France, à Bahia.

TABLE